JN226510

「菊と刀」から見渡せば

—理性を超えた地平の風景—

森 貞彦
Mori Sadahiko

風詠社

まえがき

今から400年前（1616年）にガリレオ・ガリレイはローマ教皇庁から、以後地動説を唱えないよう注意を受けました。彼がそれに従わなかったので後に厳しい異端審問をされ、肉体的危険を告げられてやむを得ず地動説を放棄したのは有名な事実です。それにもかかわらず地動説はケプラー、ニュートン等の研究を通じて真理であることが確認されました。

歴史家はこれを理性の勝利と位置付けました。実際、西欧の中世を通じて人間の思考を支配したのはキリスト教の信仰でしたが、これが改められたことには確かに大きい意義がありました。この出来事に始まる科学革命を経験した西欧人は、啓蒙思想を広め、アンシャンレジームを打破し、産業革命を推進し、政治、経済、軍事等における飛躍的進歩によって世界的覇権を獲得しました。そして西欧の文明は地球全体を覆うに至りました。

しかし注意すべきことには、歴史はその文明が万全でないことを徐々に明らかにしてきました。近代の文明は一面においては確かに人間の生活水準の向上をもたらしましたが、他面においては世界全体を非常に危険な状態に陥れつつあるのです。事実、殺人と破壊の技術の飛躍的進歩は20世紀に二度にわたって大規模な戦争をもたらし、世界史上類例の無い惨禍を実現しただけでなく、今もなお人類を絶滅させるに足る量の何倍もの核兵器を蓄えています。それればかりか、ある種の物質による環境破壊も、情報処理技術の無秩序な発達による政治、経済、文化等々の大規模な攪乱も大きい問題として浮上しつつあります。それらの危険はいずれも人類の存亡にかかわるものであることを忘れてはなりません。

筆者は人類が何か大きい忘れ物をしたのではないかと反省すべき時が来たと思います。その反省において筆者が最も重視する事柄は、人々が人間の理性に過度の信頼を置き、理性以外のものを軽視した点にあります。その反省の機縁は19世紀の末期に芽生えました。ニーチェとフロイトが無意識に注目したのです。彼らはそれを個人の問題として扱いましたが、やや遅れて登場したユングは無意識を社会の問題として扱う道を開きました。これらは人々の理性に対する信頼を大幅に修正する可能性を秘めていますが、その点に注目した人は僅かでした。その僅かな人々の中にルース・ベネディクト（1887-1948）が居ました。

しかしながら理性は17世紀に打破されたキリスト教会の権威より遥かに強固な地盤をすでに人間の精神の内に築いており、現代の文明の基礎を固めたという実績を持っています。人間の無意識に価値を認め、理性の価値を限定する思想を人々に説こうとしても、宇宙観を天動説から地動説に切り替えたとき以上に大きい抵抗があるのは当然です。そのためもあって、ベネディクトの立場は微妙でした。彼女はガリレイの轍を踏まないために細心の注意を払わねばなりませんでした。現代もまた世間の常識を超えたところに真理を見出す人にとって危険な時代なのです。その危険は、時にはヒットラーやスターリンのような独裁者の形を取ることもありますが、民主主義国でもたとえばマッカーシズム[(1)]のようなことが起こり、政治家や官僚ばかりか学者や文化人までが職業的生命を絶たれることがあり得るのです。

こういうことが理解できるので筆者は努めて『菊と刀』の行間を読み、ベネディクトの真意がどこにあるかを探索しました。彼女は執筆に当たって「無意識」（unconscious）およびそれから派生する語句をできるだけ使わないように気を付けたようです。このため文化の型が無意識の中に存在することについては簡単に理解できる説明がありません。これがほとんどすべての読者に「文化の型」が理解されなかったことの原因と思われます。それで筆者はこの本の序章に文化の型の説明を掲げました。その後の諸章は文化の型とは何かを理解することによって従来気が付かれなかったいろいろなことが見えるようになることを説明するものです。

したがってこの本の役割を手短に言うと、文化の型についての理解を確立することです。筆者はその理解を確固たるものにすることによって人間存在に対する認識が改まり、文明の危機に対処するために無意識を深く研究する機運が醸成されることを念願しています。

なお、本書の本文中では人名の敬称を省略させていただきます。

＊注：(1) 1950年2月にアメリカ合衆国上院議員マッカーシーが国務省内に多数の共産分子がいると言い出し、その追放を求めたことから始まる反共運動。リベラル派の官吏・外交官・軍人・文化人をすべて共産主義者と決めつける、ヒステリックな「赤狩り」が行われた。しかし1954年末には、マッカーシーは失脚し、この運動は鎮まった。

目　次

序　章

文化の型について

1. 誤解とその由来

ルース・ベネディクト著『菊と刀』はほとんどすべての読者に誤解された本です。この事実は、筆者がその本の中で最も重要と考える段落に対する人々の理解がことごとく見当はずれであることから分かります。その段落は、第1章「研究課題――日本」にあります。筆者による訳文は後（18-19ページ）で見ることにして、まず原文を見ましょう。

As a cultural anthropologist also I started from the premise that the most isolated bits of behavior have some systematic relation to each other. I took seriously the way hundreds of details fall into over-all patterns. A human society must make for itself some design for living. It approves certain ways of meeting situations, certain ways of sizing them up. People in that society regard these solutions as foundations of the universe. They integrate them, no matter what the difficulties. Men who have accepted a system of values by which to live cannot without courting inefficiency and chaos keep for long a fenced-off portion of their lives where they think and behave according to a contrary set of values. They try to bring about more conformity. They provide themselves with some common rationale and some common motivations. Some degree of consistency is necessary or the whole scheme falls to pieces.(1)

2番目のセンテンスにある 'the way' という言葉は『菊と刀』全体の中で非常に重要な役割を持っていますが、市販されている訳本のすべてにおいてずいぶん粗略に扱われています。そのセンテンスが3冊の訳本にどう書かれているかをご覧ください。最も多く売れた長谷川松治の本ではこうなっています。

私は何百もの個々の事象が、どんなふうに総合的な型（パターン）に分類されているか、という点を重視した。[2]

21世紀に入ってから新訳を発表した角田安正はこう書きました。

わたしが重視したのは、無数のささいな行動がどのような具合に全体的なパターンに収まるのかという点である。[3]

そしてさらに越智敏之、越智道雄両名は次のように訳しました。

何百もの細目が総合的なパターンに落ち着く様子を、私は真剣に考察した。[4]

まるで申し合わせたように、'way' の本来の意味である「道」を避けています。そしてそのことが60年以上にわたって翻訳者ばかりでなく何百万という読者にも何の疑念も持たれなかったのです。言い換えると誰一人として、なぜベネディクトがそこに 'the way' という言葉を使ったのかを深く考えなかったのです。これは日本人だけの問題ではありません。どこの国であろうと、ベネディクトがその言葉を使ったことの容易ならぬ意味に気が付いた人が居れば『菊と刀』に関心のある世界中の研究者がその影響を受けずには済まなかったはずです。翻訳者たちは「分類」とか、「具合」とか、「様子」などという曖昧な言葉でごまかしましたが、それを真剣に考える人が居なかったのでなんとなくそれが通ってしまったのです。

筆者はその 'the way' を日本語に訳す必要があるときには「すじ道」と言うことにしています。ベネディクトが真剣に捉えようとしたのは何百という細かい断片的思考と行動が全体としてのパターンに落ち着いていくすじ道なのです。これがどういうことであるかは、具体的な例について見ればわかりやすいと思います。ここに掲げる事例はベネディクトが扱ったものではありませんが、彼女の考察と強く関連するところがあるように思われますので参考になるでしょう。

『太平記』によると楠正成は湊川合戦に敗れたとき、弟正季と刺し違えて自害する前に「七度(たび)この世に生まれ出て朝敵を亡ぼさん」と誓いました。こういう言葉を吐露するのを日本人独特の行動と言って良いでしょうか。いいえ。西欧にもこれと似た話があります。ハイネの詩「二人の擲弾兵(てきだんへい)」がそれです。ナポレオンのロシア遠征が失敗に終わって軍勢が西方へ退却したときにその中に居た２人の擲弾兵が、たとえ戦死しようとも何度でも生まれ変わって皇帝のために戦おうと誓いました。この二つの物語を思考の型の水準で見れば似ています。しかしながら両者のすじ道を調べてみると顕著な相違が見えます。正成が忠誠を誓った後醍醐天皇は鎌倉幕府の覆滅に一定の役割を果たしましたが、その政治の基本路線は古代の貴族全盛時代への復帰でした。それで武士が権力を握ることが否定されただけで、庶民はもちろん正成程度の中間的階層にさえ十分な配慮のある政策は執られませんでした。それにもかかわらず正成が心からの忠誠を捧げたのは、その人物が天皇であるというただそれだけの理由からでした。言うなればその忠誠は「天皇」という記号に対するものでした。日本人のこの態度は楠兄弟にとどまらず、近世の国学を通じて幕末の尊王の思想につながり、さらに明治維新を経て近代の日本帝国のバックボーンになりました。そればかりか 1945 年の敗戦の後にも日本人は天皇を国民の統合の象徴と仰ぎ見ました。彼らは無謀な戦争を始めたのも、惨憺たる敗北を喫したのも天皇が間違っていたからだとは思いませんでした。それは天皇の取り巻き、とくに一部の軍人たちが無能であったために起こったことだと考えられました。天皇は「天皇」という記号のゆえに常に崇められる存在でした。一方２人の擲弾兵の忠誠の対象であったナポレオンの場合はこれとまったく異なる状況がありました。彼は由緒正しい家柄の人ではありませんが、フランス大革命後の混乱を収拾し、法体系と国政のシステムを国民の利益に添うものに改め、軍隊を近代化して数々の戦争に勝利し、欧州大陸の広い範囲にフランスの威光を及ぼしました。彼の業績にはフランスの大衆に誇りを持たせるものが多々ありました。2人の擲弾兵の忠誠にはこういう裏付けがあったのです。言い換えるとその忠誠は統治者としてのナポレオンの実績に対するものでした。そしてその実績はまさしく、記号ではなく、概念としての「皇帝」にふさわしいものでした。このように見ると正成の誓いと2人の擲弾兵の誓いが意識的思考の水準では似た形になったとしても、両者のたどったすじ道はまったく異なると言わざるを得ません。そして正成がたどったすじ道の先には『菊と刀』の第3章で言われている階層制度への信仰と信頼が存在することは容易に見て取れますが、2人の擲弾兵のすじ道はそういうものとはまったく無関係で、むしろ自由と平等の方に向いていると言えます。

ところでここにもう一つ重要な問題があることを見逃すことはできません。なぜベネディクトはthe way（すじ道）に注目したのでしょう？この疑問を解くために、ここでひとまず先ほど見た段落の筆者による訳文を掲げましょう。そしてその後で他の段落をも参照することにします。

　私は、文化人類学者として、行動のもっとも孤立した断片でも相互に系統的な関連を持っているという前提から出発することをも心掛けた。私は何百という細かい断片的行動が全体としてのパターンに落ち着いていくすじ道を真剣に把握した。人間の社会というものはそれ自身のために生きていく計画を立てねばならない。社会は状況に適したあるすじ道を承認し、その状況を評価するすじ道を承認する。その社会の人々はそうして得られた解を全世界の根本だと思っている。彼らは万難を排してそれを集約する。生きていくための一つの価値の体系を受け容れた人々は、生活の一部を区切ってそれと対立する一組の価値に従う思考と行動をするとうまく行かなかったり、混乱したりするのを避けられない。彼らはより一層の画一化を図る。彼らはなんとかして自分の行動に共通の根拠と共通の動機をつける。とにかく一貫性がなければ体系全体が瓦解してしまう。

これを読むときには、一つ一つの語句が『菊と刀』全体の中でどんな役割を持つかをしっかり見据えなければなりません。たとえば'foundations of the universe'という句ですが、これを中学生が辞書を引きながら漫然と「宇宙の基礎」などと訳するような態度で読んでも決してベネディクトの真意を捉えることはできません。彼女は別のところでこんなことも言っているのです。

It is not possible to depend entirely upon what each nation says of its own habits of thought and action. Writers in every nation have tried to give an account of themselves. But it is not easy. The lenses through which any nation looks at life are not the ones another nation uses. It is hard to be conscious of the eyes through which one looks. Any country takes them for granted, and the tricks for focusing and of perspective which give to any people its national view of life seem to that people the god-given arrangement of the landscape.[5]

或る特定の国民が自分たちの思考と行動の習慣について何か言ったとしてもそれを丸ごと鵜呑みにするわけには行かない。どこの国でも文筆家が自分たちの行動を説明しようと試みてきた。けれどもそれは容易なことではない。ある国民が人生を見るときに水晶体がどうなっているかは、別の国の人たちの水晶体と同じではない。人がものを見るときに眼のことを一々意識することは難しい。どこの国の人もそんなことを殊更問題にせず、焦点の合わせ方や視点の取り方の癖があってもそこに見えるものが神様からいただいた風景の配置であるかのように思い込む。

'It is hard to be conscious of the eyes …' という表現に注意してください。これは彼女が人間の無意識（unconsciousness）に十分注意していたことを示唆しています。そこに十分な注意があればこそ最後のセンテンスが確信を込めて述べられたのです。そしてこの 'the god-given arrangement of the landscape' というものが先ほどの引用文で 'foundations of the universe' と言われたものと密接な関係にあることを看過することはできません。すなわち先の引用文で言われているのは、中学生程度の知識や学力では分からないでしょうが、人間の無意識の世界のことなのです。

無意識の世界は言語的表現に馴染みません。言語の機能は人間の意識に上るものを分節することにあります。言語とはそういうものですから無意識の世界のものを言語によって分節することはできません。それでベネディクトは「何百という細かい断片的行動が全体としてのパターンに落ち着いていく**すじ道**を真剣に把握」しなければなりませんでした。言語的分節に馴染まないものの姿を感知するにはこうするしかなかったからです。

長谷川松治も、角田安正も、越智父子も、彼らの訳本を読んだ人たちも、そればかりか彼らの翻訳に頼らずに原書を読んだ人たちも、ほぼ全員がこういうことを理解しませんでした。この無理解は「文化の型」というものに対する無理解そのものと言うことができます。文化の型を探り出すには今言った「すじ道」を頼りとするしかないのに、彼らは人の行動を支配するものとしては言語的表現の可能なものしか思い浮かべることができず、ベネディクトがなぜ「何百という細かい断片的行動が全体としてのパターンに落ち着いていくすじ道を真剣に把握した」のか理解できませんでした。

筆者は本書でこの無理解が解消されたときに何が見えてくるかを論じますが、その前に「文化の型」が何であるかを読者に理解していただくことが必要ですから、この序章の残余の部分でその説明をいたします。

＊注：(1) Benedict, R. F. *The Chrysanthemum and the Sword: Patterns of Japanese Culture* Charles E. Tuttle Co. (1954) pp.11-12.
(2) ベネディクト（著)、長谷川松治（訳)『定訳　菊と刀　日本文化の型』社会思想社（1967）p.17.
(3) ベネディクト（著)、角田安正（訳)『菊と刀』光文社（2008）p.30.
(4) ベネディクト（著)、越智敏之・越智道雄（共訳)『菊と刀　日本文化の型』平凡社（2013）p.23.
(5) Benedict (*el cit.*) pp.13-14.

2. 文化の型とは何か

前節で最初に引用した段落（As a cultural anthropologist…で始まる段落）をもう一度ご覧ください。そこには 'pattern of culture' という句は使われていません[1]が、文化の型の基本的な性質が巧みに述べられています。文化の型を知るために必要なのは多数の行動の断片が一定の型に落ち着いていく「すじ道」を真剣に把握することです。これは方法論の肝心な点ですが、その次に、その方法によって何が知られるのかが述べられていることに注意しましょう。'A human society must make for itself some design for living.' と書いてありますね。主語は a human society です。そして some design を作るのは社会です。個人ではありません。作るといっても社会は会議を開いたり投票をしたりするわけではありません。いかなる未開人でも集団生活をする以上、そこには個人の意識を超越した some design for living が無ければならないのです。その人間社会が生きるための「計画」とは何でしょう。第一に衣食住の確保（獲得だけでなく分配も含みます）であり、次に種族の保存（もちろん生殖が最大の問題ですが、老齢化、疾病、災害、戦乱等による損耗も問題になります）です。この二つの大目的のためには一定の秩序が保たれねばなりません。それゆえその計画には必ず社会の構成員が互いに協力することを奨励し、反社会的行動を抑制する機能が盛り込まれます。換言すれば、何が善行であるか、何が悪行かということが明示または暗示されます。これは文明国では大筋としては成文法の体系によって実現するのですが、人間の生活の隅々まで成文法で規定する国はありません。どこの社会でも不文律は必ずあります。文明化されていない社会の場合には不文律が全面的にその「計画」を担っているのであって、文明化された社会と本質的に違うわけではありません。そしてそれは最も原始的な社会では意識に上ることさえありません。人類の歴史に意識が登場するより前からその「計画」は必要とされ、存在してきたのです。それが意識されることさえない社会でそういう複雑な事柄が長期にわたって保存されるのは、人間集団が集合的無意識を持っているからです。一つの集団では一つの集合的無意識が一定の「計画」を保持していますが。集団が異なれば、通常、それぞれに異なった内容の「計画」があります。それは、別々の民族が異なった言語を持っているのと同様です。そして集合的無意識は、高度に文明化された社会でも重要な役割を演じているのです。(2) 文明国の立法、行政、司法といった権力機構といえども、またどんな独裁的権力者でも無意識の世界にある「計画」を変更することはできません。そして国民または部族が違えばその「計画」も違うのです。

私たちはすでにそういう「計画」が二つの国民の間で相違していることを示唆する事例を見ました。前節で見た楠正成と２人の擲弾兵の考え方の違いはそれを反映しています。敵すなわち衣食住の確保や種族保存に支障をもたらす者と戦うときに、日本人は「天皇」という記号に対する忠誠を全うするべく生命を投げ出し、フランス人は国民に利益をもたらした皇帝の実績を何ものにも代えがたいものと感じて死を恐れずに戦いました。ベネディクトはそういう「すじ道」の違いを真剣に捉えようとしたのです。そういう事例を二つや三つ見ても有用なものを抽出するのは難しいけれども、適切に選ばれた多数のフィールドから何百というdetailsを収集して慎重に分析すれば、以下で言うところの文化の型を知ることができるのです。

問題の引用文（英文）は確かに文化の型の基本的性質を表現していますが、整った形式を持っていませんのでここで整頓しておきたいと思います。それにはいろいろな表現形式が可能ですが、少なくとも次の３点は欠かせません。

①文化の型の機能は、人間の集団が永続的な社会生活を営むために必

要な一定の思考と行動の型を形成し、保持するとともに、その集団のまとまりを妨げるものを排除したり、無害なものに作り変えたりすることにある。

②文化の型は、一つの国民または部族の成員が共有する無意識すなわち集合的無意識の中に存在する。それは、意識されないことによって世代を超越し、歴史を超越し、環境を超越し、社会的変動を超越し、政治的権力を超越して長期にわたって変化しないことが可能になっている。

③文化の型は、①と②のほかには何一つ条件を伴わない。したがってある集団の文化の型と、別の集団のそれとの間に共通点が無く、互いにまったく矛盾するということがあり得る。そして、そういうことがあっても、どちらが正しく、どちらが不正であるという絶対的判断を下す根拠は存在せず、価値の優劣を見分けることは誰にもできない。

この三か条のうち特に②に注意しましょう。「意識されない」ということが重要なのです。人々は無意識のうちに①に言われていることを、個人ではなく、社会としてやってのけるのです。この点を見逃しては文化の型の説明になりません。

ここに掲げた三か条はもちろん一般論です。各国民（nation）、各部族（tribe）はそれぞれ独特の文化の型を持っています。ベネディクトは1930年代にすでに北米先住民や南太平洋の島嶼住民のいくつかの部族について文化の型研究を進め、1934年に『文化の型』[3]を著したのですが、そのときにはまだ、近代文明を持っている国民の文化の型を探求することはできないと思っていました。ところが第二次大戦に際して合衆国政府から対日心理戦に協力するよう求められ、それを遂行するうちに日本文化の型を突きとめることに成功したのです。

＊注：(1) Over-all patterns というのは思考と行動の型である。

(2) この辺りの経緯は E. ノイマン（著）、林道義（訳）『意識の起源史（下)』紀伊國屋書店（1985）pp.429-430 参照。なお本書第 3 章 4 節(4)項（p.184）および第 3 章 5 節(4)項（p.199-200）に詳しい内容が掲げられているから両ページを一読されたい。

(3) Benedict, *Patterns of Culture*, Houghton Mifflin Company（1960）. 邦訳は、米山俊直（訳）『文化の型』社会思想社（1973)。

3. 恥の文化と罪の文化

筆者はこの本で主として日本の恥の文化を話題にします。しかし恥の文化だけを見ても、それの特色や存在の意義を理解することは困難です。それでどうしても罪の文化についても相当な配慮をすることが必要になります。

そして一方には日本の文化の型を恥の文化として見るだけでよいのかという問題もあります。だいいち、恥の文化は日本だけのものではなく、たとえばニューギニアの高地に住む園芸を生業とする部族の中には明らかに恥の文化の社会に住む人たちが存在します。[1] しかし筆者は、この方面ではあくまで日本に話題を限定します。日本以外の恥の文化については情報が乏しいからです。そしてこのこととは別に、ベネディクトは『菊と刀』で恥の文化よりもっと精度の高い日本文化の型として「偽装された意思の自由」と「自己責任」を見出し、それぞれ「菊」と「刀」によって象徴したという事実があります。[2] しかし筆者は、ここではその水準の問題を採りあげません。理由は、恥の文化についてさえ多くの人の認識が確立されていないのに、この段階でそういう高度な問題に立ち入ると話が混乱する恐れがあるからです。その点に関心のある方は拙著『「菊と刀」の読み方 — 未来の文明のために —』をご覧ください。

『菊と刀』の中で恥の文化と罪の文化に直接言及した叙述は数ページにわたっていますが、その中で肝心なことを述べていると思われるセンテンスは次の二つ（いずれも第10章）です。

In anthropological studies of different cultures the distinction between those which rely heavily on shame and those that rely heavily on guilt is an important one.[3]

諸文化の人類学的研究においては、恥辱感を大いに信頼する文化と、罪悪感を大いに信頼する文化との区別は大切な事柄の一つである。

True shame cultures rely on external sanctions for good behavior, not, as true guilt cultures do, on an internalized conviction of sin.[(4)]

まじりけのない恥の文化は善行に対する外部からの支持を信頼し、まじりけのない罪の文化がするような、内面化された罪の自覚を信頼することはない。

ところが長谷川松治はこれらを次のように訳したので大きい誤解が日本中に広がってしまいました。

さまざまな文化の人類学的研究において重要なことは、恥を基調とする文化と、罪を基調とする文化とを区別することである。[(5)]

真の罪の文化が内面的な罪の自覚にもとづいて善行を行うのに対して、真の恥の文化は外面的強制力にもとづいて善行を行なう。[(6)]

初めの文で 'rely heavily on …' が「…を基調とする」とされていますが、これは明らかに誤訳です。後の文でも 'rely on …' が「…にもとづいて」となっていますがこれも正しくありません。そして 'sanctions' が「強制力」とされているのは非常に不適切です。英語の辞書を開けばすぐに分かることですが、sanction は「強制力」よりむしろ「認可」あるいは「支持」という訳が当てはまる場合が多いのです。「強制力」という日本語はむしろ、英語で 'force' と言われるものに当てはまる言葉です。長谷川の訳文は、まるでベネディクトが「日本人は強制されて善行を行う」と言ったかのような誤解を日本人の間に振り撒きました。

この例に限らず、長谷川訳には多くの誤訳があり、しかもそれがしばしば重要な概念を捻じ曲げていますから、筆者は今後彼の訳を一切かえりみません。長谷川訳以後に刊行された訳本が若干ありますが、それとても文化の型に対する理解という点から見ると決して満足できるものではありません。したがって筆者は、『菊と刀』の内容に関する限り、すでに他人によって翻訳された文に信頼を置きません。翻訳が必要な場合は自分でいたしますが、できるだけ原文も掲げることにします。英語で書かれたものを日本語で完全に表現することは筆者にもできないからです。

話を本筋に戻しましょう。「恥の文化」と「罪の文化」とはそれぞれ先ほど掲げた二つの英文から理解すべきですが、どう見てもそこから離れてしまったとしか考えられない解釈—誤解—が日本中で非常に広く行われているのを見過ごすことはできません。次に掲げる３点はその誤解の例です。

①日本文化は恥の文化であり、恥の文化は日本文化である。
②罪の文化は内面的であり、恥の文化は外面的である。
③社会的規制の中でとくに恥の感覚が大きな比重を占めている社会があり、その社会の文化を「恥の文化」という。

このほかにもいろいろな指標を採りあげることができますが、そんなものを多く見たところで益があるとは考えられませんのでこれだけにして、この三つについて欠点を指摘します。

まず①が正しくないことは、ベネディクトが上に引用した二つのセンテンスの中で「日本」あるいは「日本文化」を意味する言葉を一度も使っていないことに注意するだけで分かります。恥の文化がこうで罪の文化がああだという一般論を語るときに、「日本」という特定の地域を重く見ることは必要でも有益でもありません。世界には非常に多数の部族や国民があり、それらをいくつかのカテゴリーに分類することは比較文化の研究において必要なことの一つです。その分類の方法として最も初歩的なものの一例が恥の文化と罪の文化という分け方なのです。その両者がそれぞれ複数の文化を含むであろうことは容易に想像されます。日本文化イコール恥の文化と考えるのは余りにも浅はかです。

次に②は「恥」という言葉にとらわれた考え方の産物です。「恥」および「罪」は記号にすぎません。ベネディクトは文化の型の研究をしたのであって、恥の研究をしたのでも罪の研究をしたのでもありません。ベネディクトが何を研究したのかさえ理解せずに恥の性質や罪の性質を持ち出して②のように言うのは、まったくの見当違いです。

そして③は、上の二つに比べると多少柔軟性があるように見えますが、これとても文化の型の本質を知って言われたことではなく、まだ記号への執着があります。前節で見た文化の型の三要件の第二条で無意識への言及があったことを思い出してください。記号は人間に意識されるものを分節する役割を担いますが、無意識の世界では何の役にも立たないのです。ベネディクトが文化の型を追究するときになぜ 'the way' を真剣に捉えようとしたのでしょう。それは記号——「言語」と言っても同じです——をあてにすることができなかったからです。

ここで小さいコメントを付け加えておきます。先ほど見た二つの英文センテンスのうち後のものをもう一度見ましょう。筆者はそれを「まじりけのない恥の文化は善行に対する外部からの支持を信頼し、まじりけのない罪の文化がするような、内面化された罪の自覚を信頼することはない」と訳しましたが、それは、長谷川訳のような間違いは無いけれども、いささかぎこちない直訳です。思い切って次のように意訳すればかなり分かりやすくなるのではないでしょうか。

少しも罪の文化的なものを含んでいない恥の文化では、自分が善いと思うことをすれば他人もそれを善いと認めるからするのであって、少しも恥の文化的なものを含まない罪の文化がするような、自分が善いと思えば他人が認めようと認めまいとかまわずに実行するということはない。

『菊と刀』の日本語訳で最初からこういう表現が使われていたら、ベネディクトに対する日本人の態度がいくらか違ったものになっていたかもしれません。

＊注：(1)『菊と刀』の第 8 章参照。
(2) 森貞彦『「菊と刀」の読み方』東京図書出版（2015）11・16 節および 12・7 節参照。
(3) Benedict（1954）p.222.
(4)（同上）p.223.
(5) 長谷川松治（前出）p.257.
(6) 同書 p.258.

第１章

罪の文化の国の人たちが見える

1. ルネ・デカルト

もはや超えられるべき天才

(1)『方法序説』に見られる罪の文化的思考

ルネ・デカルト（1596－1650）著『方法序説』はあまりにも有名な書物ですが、『菊と刀』の視点に立って——言い換えると文化の型を考慮に入れて——行われた検討の例はありません。その視点に立つのは、人間が社会を形成するときには個人を超越した集合的無意識が全構成員に共有されるのを事実として承認するということです。これは17世紀には誰一人知らなかったことで、デカルトが責任を持つべきことではありませんが、20世紀なかば以後の人が『方法序説』を読むときにそういう視点があることさえ知らないようでは十分行き届いた考察ができないでしょう。

『方法序説』の第四部の最初の段落はその本の要（かなめ）と言ってもよいでしょう。その段落の全体をここに引用します。

　この土地での最初の省察を諸君に語らなければならぬかどうか私には分らない。それはあまりに抽象的なもの、かつあまりに一般的ならぬもので、それは世間の人たちにとっておそらく興味あるものでなかろうから。けれども私の捉えた基礎が十分に堅固であるかどうかを判断してもらえるためには、何らかの仕方でそれを私は語らなければなるまい。日常の道徳についていえば、きわめて不確実であると知られている意見にも、人はあたかもそれがまったく疑うべからざるものであるかのように、それに従うことが時としては必要であることを私は久しい以前から認め、そのことはすでに述べてもおいた。けれども今この場合としては私はひたすら真理の探究に没頭したいと願うのであるから、まったく反対の態度を取らねばならぬであろう。いささかでも疑わしいところがあると思われそうなものはすべて絶対的に虚偽なものとしてこれを斥けてゆき、かくて結局において疑うべからざるものが私の確信のうちには残らぬであろうか、これを見とどけなければならぬと私は考えた。それとともに、私どもの感覚はややもすれば私どもを欺くものであるから、有るものとして感覚が私どもに思わせるような、そのようなものは有るものではないのだと私は仮定することにした。また幾何学上のもっとも単純な事柄に関してさえ、證明をまちがえて背理に陥る人があるのだから、自分もまたどんなことで誤謬を犯さぬともかぎらぬと思い、それまで私が論証として認めてきたあらゆる理由を虚偽なるものとして棄てた。最後に、私どもが目ざめていて持つ思想とすべて同じものが眠っているときにでも現れる、かかる場合にそのいずれのものが真であるとも分らぬのである。この事を考えると、かつて私の心のうちにはいってきた一切のものは夢に見る幻想とひとしく真ではないと仮定しようと決心した。けれどもそう決心するや否や、私がそのように一切を虚偽であると考えようと欲するかぎり、そのように考えている「私」は必然的に何ものかであらねばならぬことに気づいた。そうして「私は考える、それ故に私は有る」というこの真理がきわめて堅固であり、きわめて確実であって、懐疑論者らの無法きわまる假定をことごとく束ねてかかってもこれを揺るがすことのできないのを見て、これを私の探究しつつあった哲学の第一原理として、ためろうことなく受けとることができると、私は判断した。[(1)]

ここに見える思考のパターンは明らかに罪の文化を反映しています。他人の言動に合わせようという気は毛頭なく、人が何と言おうと絶対に譲れないものを追求するというのですから、これはもう代表的な罪の文化的論述です。そればかりか「私は考える、それ故に私は有る」という有名な命題に到達するすじ道が分かる文が含まれています。「日常の道徳についていえば、きわめて不確実であると知られている意見にも、人はあたかもそれがまったく疑うべからざるものであるかのように、それに従うことが時としては必要であることを私は久しい以前から認め、そのことはすでに述べてもおいた。けれども今この場合としては私はひたすら真理の探究に没頭したいと願うのであるから、まったく反対の態度を取らねばならぬであろう」という文は、すじ道の選択の中でも重要なものの一つであったと思われます。それは恥の文化に生きる人の態度とは決定的に違う点です。

＊注：(1) デカルト（著）落合太郎（訳)『方法序説』岩波文庫（1948）pp.40-42。

(2) 近代的理性主義と現代の諸問題

人間の理性を重視する理性主義（rationalism：合理主義とも言われます）の哲学は近世に始まったわけではありませんが、デカルトが数学的理性と自律的人格の重要性を主張したことによって面目を一新しました。それが西欧の中心的な思想となって科学革命や産業革命を導き、近代および現代の文明に多大の貢献をしたことはよく知られているとおりです。しかし彼の思想の根底に罪の文化があることは、ベネディクトには分かっていたことでしょうが、その他には誰も知りませんでした。なぜなら、文化の型を認識する前提として人間集団の集合的無意識を認めなければならないからです。これは数学的理性や自律的人格を重視する思想とは相容れません。

文化の型に対する認識の欠如から生じる矛盾は19世紀には徐々に顕在化し、いろいろな社会問題が発生しました。そして20世紀には文明の危機が云々されるに至りました。もちろん科学と技術の進歩には確かに人間にとって有利な一面があります。たとえば食糧生産の増大と安定化をもたらし、栄養を豊富にするのみならず、衛生の改善によって死亡率を低下させて平均寿命が長くなりました。そして平均的生活水準は確かに向上しましたが、何もかも良いことばかりとは行きませんでした。

問題は西欧の文化において善と悪とが常に対立するものと考えられていることから発生しています。その対立は普遍的なものではなく、たとえば日本の文化の中にはもともと存在しなかった考え方です。ベネディクトは『菊と刀』の第９章でそれに触れました。

These Japanese views on 'human feelings' have several consequences. It cuts the ground out from under the Occidental philosophy of two powers, the flesh and the spirit, continually fighting for supremacy in each human life. In Japanese philosophy the flesh is not evil. Enjoying its possible pleasures is no sin. The spirit and the body are not opposing forces in the universe and the Japanese carry this tenet to a logical conclusion: the world is not a battlefield between good and evil.(1)

日本人の「人情」に関するこれらの見解には数々の重要性がある。それは、肉体と精神という二つの力が各人の人生を通じて絶え間なく優位を争いあうという西洋人の基本的考え方を根底から切り捨てる。日本人の基本的な考え方によれば肉体は悪ではない。可能な快楽を享受することは罪ではない。精神と肉体が宇宙で対立する勢力ではないのだが、日本人はこの教義を次の論理的結論にまで持っていく。すなわち世界は善と悪との戦場ではない、と。

ここで特に注意すべきは、西洋的な考え方では善が成立するためには悪が必要だということです。すなわち、より強固な善を追求すればするほど強大な悪を生み出さねばならないというわけです。しかしこれは人間の社会生活に必然的に随伴する現象ではありません。それなのに西欧諸国の人々は、互いに勢力を競い合ったり他の地域に進出したりしました。自文化以外の生き方を悪と見なしてそれを圧倒することに力を注いだのです。その結果、殺人と破壊の技術は飛躍的に発達し、20世紀には二度の大戦が起こりました。そのために人類が被った損害の大きさは中世の最大規模の伝染病禍に匹敵するものでした。しかも今後起こる可能性のある大戦は人類の絶滅をもたらすかもしれないということが単なる空想の程度を超えて語られています。そればかりか、人類の文明に大きい打撃を与えかねないものは武力衝突だけではありません。いろいろな物質による環境破壊は、すでに半世紀以上も前から指摘されていながら増大の一途をたどり、その悪影響が明らかになっているにもかかわらず有効な方法で克服される見通しは立っていません。そしてそのような物理的、化学的問題にとどまらず、情報処理技術の飛躍的進歩に伴って新しい形の社会問題が顕在化しつつあります。すでに情報資本主義という概念が形成され、それが今後どのように発達するのか予断を許しません。これでは現代文明が中世の文明より良いと言えるかどうかさえ疑問です。

デカルトが日常の道徳をも捨象したのは、人間が本来持っている価値の大半を切り捨てることを意味しました。それを捨て、理性ばかりを偏重することによって、結果としては、鉄や、石炭や、石油や、火薬や、ウラン等を政治的、経済的、軍事的に利用することに巧みな人々ばかりが幅を利かせる世界に通じる道に入ったのです。この偏った価値観を修正してより健全な文明を実現するにはあらゆる文化の型を深く研究し、そこに得られる知識によって理性主義をコントロールするしかありません。

＊注：(1) Benedict (1954) pp.189-190.

2. ロバート・マクナマラ

罪の文化人らしさ

ここに掲げるのは、かつて筆者が「『菊と刀』の勉強をしましょう」と題する一連のホームページの中で発表した文の一つです。2004年6月29日にアップロードしたもので、末尾にあった数行だけはここに載せる必要がないので割愛しましたが、その他はまったく元のままでご覧に入れます。ここで注目される人物は元アメリカ国防長官ロバート・マクナマラ（1916－2009）です。

＊　　＊　　＊　　＊　　＊

このホームページシリーズでも、また3冊の著書[1-3]でも、筆者は恥の文化のことを何度も繰り返し説明してきましたが、その一方罪の文化のことには少ししか触れませんでした。『菊と刀』が日本文化の型を論じた本であり、その日本の文化が恥の文化の一種なのですから、『菊と刀』を主題にした本やホームページでそういう扱いをしたのは自然の成り行きと言えなくもないのですが、罪の文化に対する理解が浅いままでは恥の文化に対する理解も充実したものになりませんので、ここでは罪の文化に注意を向けたいと思います。

実は、つい最近それにうってつけの文章を新聞紙上に見つけたのです。それは、2004年6月1日の朝日新聞に掲載された丸谷才一のエッセイ「東京大空襲のこと」（連載エッセイ集「袖のボタン」の一作）です。そのエッセイでは、罪の文化の全貌まで見るわけには行きませんが、筆者がこれまで一度も触れていなかった重要な点を見ることができます。

彼はそこで映画「フォッグ・オブ・ウォー」を採りあげたのですが、その映画の全体を話題にしたのではなく、その中で元アメリカ国防長官マクナマラが漏らした僅かな言葉から受けた一種の感銘を一編のエッセイにまとめたのです。マクナマラの言葉とその周辺の事柄は、次のように簡潔に述べられています。

基調は戦争への反対であり、話題は主として、彼がケネディ、ジョンソン両大統領の下でかかわったベトナム戦争についての否定的見解だが、なかに日本とのいくさの思い出もまじる。戦争末期、若いマクナマラはグアム島にあって、司令官ルメイの指揮下に、統計将校として働いていたのだ。東京大空襲について彼は言う。「たった一晩で、われわれは十万人の民間人――男、女、子供を殺した。戦争に勝つためなら一晩に十万もの民間人を殺していいのか。戦争が終ってから、ルメイはぼくに言った。もし敗(ま)けていたらおれたちは戦争犯罪人だね、と。その通りだと思う」。わたしは東京への無差別爆撃についてアメリカ人がこの種のことを述べるのをはじめて（しかも当事者の口からぢかに）聞いたので、その倫理観と率直さに衝撃を受けた。

ベトナム戦争の話の途中に日本との戦争のことが挿入されているわけですが、丸谷はそうなった理由を「彼が最近の世界情勢によって心を刺激され、同時代史と自分史を兼ねるものにおけるアメリカの行状をいちいち検討してゆくうちに、四五年三月十日までさかのぼったような気がして仕方がないのである」と解釈しています。そして彼は、それを言うなら広島と長崎への原爆投下についても言及があってもよいように思ったのです。しかしながらそのほうは、地名が一度出てきただけで虐殺には触れておらず、物足りない感じであったということです。このことについて丸谷は「ひょっとすると、原爆投下のことに本式に触れるだけの心がまえがまだできていないのかもしれない」と言いました。そしてそれに続けてこう書いたのです。

などと変なことを言うのは、何しろマクナマラはフォードの社長、アメリカ国防長官、世界銀行総裁を務めた人物だから、貫禄（かんろく）十分のしたたかな大物で、気働きがすごいし、はぐらかしや言いのがれや空っとぼけが巧妙を極める。腹を立てる人もいるかもしれない。しかしわたしは、そういう男が敢えてベトナム戦争批判という火中の栗を拾い、さらに、当面の話題とは直接の関係がない、従って別に口にしなくて差支えない東京大空襲を悔（く）やむ姿に多大の感銘を受けた。これだけの切れ者が、世間的な分別は身につけたまま、しかし罪をあがなおうとする。それは生身の人間のする偉大な行為だという気がしたのである。

手短に言えば、なかなかできないことだというのです。原爆投下はベトナム戦争や東京大空襲よりずっと大きい——あるいは異質な——問題なので「できない」の程度も違うということなのかもしれません。

その辺りの認識には議論の余地がありますが、それはここで採りあげることではありません。注目すべきは罪の意識です。それに関連して丸谷は新約聖書に載っている有名な話を引きました。イエス・キリストが最後の晩餐に際してペトロに向かって「鶏が二度鳴く前にあなたは三度私を否むだろう」と言い、ペトロはそんなことは決してしませんと言いましたが、イエスが捕まった後に、結局ペトロは人々の追及を逃れるためにイエスのことを三度にわたって「知らない」と言ってしまいました。鶏が二度目に鳴いたとき、ペトロは激しく泣き崩れました。マクナマラの告白を聞いた丸谷は、そのときペトロの心の中に起こった劇的な出来事を連想したのです。それは「彼（ペトロ）は、熱烈な信者である自分がイエスを公然と否認したことのみじめさに驚く。この絶望と悔悛（かいしゅん）によって、キリストの出現と受難の意味が明らかにされる。信仰から挫折へ、挫折からさらに新しい信仰へ。……」と言い表されています。そしてそのエッセイを次の段落で結びました。

異様な受取り方かもしれない。マクナマラは宗教を売り物にしない。

「フォッグ・オブ・ウォー」では神は引合いに出されない。しかし表面は信心とまったく無縁に見える元国防長官の思い出話のほうが、たとえば、閣議をはじめる前にみんなでお祈りをし、何かにつけて神の加護を口にする大統領の演説よりも、遥かにキリスト教的な印象を与えるのである。伝統は思いがけない所に顔を出すものだと誰かは言ったけれど。

以上がエッセイ「東京大空襲のこと」の要約です。そのエッセイには「罪の文化」という言葉は使われていません。しかし、筆者の見るところでは、これほどはっきりと罪の文化的な行動パターンを描いた日本語の文は多くはありません。

しかしながらこれには説明が必要でしょう。なぜなら、罪の文化とは何かということについて誤解があり得るからです。長谷川松治が訳した『菊と刀』の第10章「徳のジレンマ」では、罪の文化と恥の文化の区別が次のように言い表されています。

真の罪の文化が内面的な罪の自覚にもとづいて善行を行なうのに対して、真の恥の文化は外面的強制力にもとづいて善行を行なう。

筆者はこの訳文が誤解の一つの原因になっていると考えます。このことはすでに『「菊と刀」再発見』の第7章で指摘しましたが、念のために原文と筆者の訳文を書いておきます。

True shame cultures rely on external sanctions for good behavior, not, as true guilt cultures do, on an internalized conviction of sin.

まじりけのない恥の文化は、善行に対する外部からの支持を信頼し、まじりけのない罪の文化がするような、内面化された罪の自覚を信頼することはない。

言い換えるとこういうことです。純粋の恥の文化では自分が良いと思うことをすれば他人もそれを良いことだと言うからするのであって、もし他人が良くないと言うなら自分が良いと思ってもしない。一方純粋の罪の文化では、他人が良いと言おうが良くないと言おうが自分が良いと思うことをするし、良くないと思うことはしない、ということです。

ベネディクトが言った「恥の文化」と「罪の文化」の定義には、神も宗教も関係ありません。それらは宗教以前のものなのです。キリスト教があるから罪の文化が成り立ったのではなく、罪の文化が存在するところでキリスト教が栄えたのです。古代ローマではキリスト教に対する弾圧が行われましたが、結局キリスト教はヨーロッパを席巻しました。しかし恥の文化の国日本では、16 世紀にはキリスト教が栄えるかと見えたけれども、17 世紀に入って弾圧を受けると事実上壊滅しました。そして 19 世紀後半になって禁教が解かれても日本はキリスト教国にはなりませんでした。このように恥の文化と罪の文化の区別は宗教以前のものであり、宗教的信仰よりずっと深いところで人間の心を支配しているのです。だから、罪の文化を反映したアメリカ人の行動は、「何かにつけて神の加護を口にする大統領の演説」なんかより強い印象を人に与えるのです。

罪の文化の本質は「内面化された罪の自覚を信頼する」ことなのです。「内面的な罪の自覚にもとづいて善行を行う」ことではありません。もし後者であれば、ベネディクトが今見た文に続けて書いた次の文との関係が薄弱になります。

……名誉ということが、自ら心中に描いた理想的な自我にふさわしいように行動することを意味する国においては、人は自分の非行を誰一人知る者がいなくても罪の意識に悩む。そして彼の罪悪感は罪を告白することによって軽減される。

告白によって罪悪感が軽減されるということと、内面化された罪の自覚に対する「信頼」との間には緊密な関係があります。罪の文化の人々の感覚では、自分が罪を犯したと自覚するだけでは不十分なのです。自分が、何と言ったらよいのか分からないけれども、どうやら罪を犯したらしいなどというのは単なる迷いです。罪の自覚があるならば、それを他人に理解される言葉で表現することによってようやく救いの道が開かれ、安心できるのです。自分の罪の自覚はそのように表現できるものであるということを「信頼」するからこそ、自分が善行と信じる行為は外部からの支持がなくても断行できるのです。これによって、コペルニクスや、コロンブスや、ルターや、ダーウィン等の行動が説明できるのです。

マクナマラが「敢えてベトナム戦争批判という火中の栗を拾い、さらに、当面の話題とは直接の関係がない、従って別に口にしなくて差支えない東京大空襲を悔む」談話をおおやけにした心の内には、それによって罪悪感を軽減したいという願望があったのかもしれません。自分以外の関係者たちが健在のときにはなかなかそうは行かなかったでしょうが、もう告白しても良い時期だと考えたとしてもおかしくありません。そうであれば彼がしたことは実に罪の文化的だと言っても良いでしょう。

＊　＊　＊　＊　＊

以上です。これは今見ても少しも変更する必要はないと思います。

＊注：(1) 森貞彦『「菊と刀」再発見』東京図書出版会（2002）
(2) 森貞彦『みなしご「菊と刀」の嘆き ―学界の巨頭たちが犯した大過』東京図書出版会（2003）
(3) 森貞彦『日露戦争と「菊と刀」―歴史を見る新しい視点』東京図書出版会（2004）

3. ノラ

罪の文化の社会の被差別者の行路

ヘンリック・イプセン（1828－1906）作『人形の家』の主人公ノラの行動は、罪の文化の中に生きる人が個人の在り方について真剣に考え出すとどういうところに行き着くかを指し示しています。以下にその劇のあらすじと重要な個所の台詞(せりふ)を掲げます。なお台詞は森鴎外の訳[(1)]に従います。

弁護士ヘルメルの妻ノラは、無邪気に人間を信じる心の優しい女性でした。彼女に対するヘルメルの愛は「猫かわいがり」と言ってもよいものでしたが、ある事件が夫婦の間に問題を投げかけるまではそれに深刻な不満を感じませんでした。

ヘルメルが重病に陥って家計が逼迫したときに、ノラは彼に無断で彼の部下クログスタットに借金の申し入れをしました。クログスタットは彼女の父親による保証を要求しましたが、遠隔地に居た父はその時瀕死の病床に就いていました。窮地に陥ったノラは父の署名を偽造して借金をしました。この不正行為は金銭の受け渡しの後にクログスタットに見破られましたが、彼は直ちに返済の要求はしませんでした。その後ヘルメルがクログスタットの勤務態度を不快と感じて解雇しようとしたとき、クログスタットはノラに迫り、もし解雇されたら不正な借財を暴露すると脅して自分を庇うように要求しました。しかし事情を知らないヘルメルは彼女の懇願を聞き入れず、クログスタットを解雇してしまいました。ノラは、自分の不正行為が暴落されればもはやこの家の主婦として生きていくことはできないと感じました。そして、ヘルメルがクログスタットの手紙を読んで激怒し、彼女を罵倒したときには死を決意しました。ところがその直後にクログスタットからの新しい手紙が到着し、思いがけない幸運を得たから金は返済しなくてもよいという文書とともに証書を返してきました。これでヘルメルの危機は過ぎ去りました。彼の態度は手のひらを返したように変わり、再び妻に微笑んで甘い言葉を言い出しました。しかしノラはそこに重大な問題を見て取り、もはや以前のような心情に戻ることはできませんでした。

それから幕切れまで夫婦のダイアローグが続きますが、そこには私たちの直面している問題に深くかかわると思われる一連の台詞があります。

ヘルメル　まあ、なんと云ふ無経験な、目先の見えない子だらう。
ノラ　ええ。ですからわたしこれから経験を積んで行く積りです。
ヘルメル　お前家をも夫をも子供を棄てて出たら、世間の人がなんと云ふと思ふのか。
ノラ　それはわたくし構ひません。わたくしのためにそれが必然の事ですから。
ヘルメル　けしからん。それでは、人間の最も神聖な義務をなげうつのだ。
ノラ　その最も神聖な義務とはなんです。
ヘルメル　それを改めて云はなくてはならんのか。夫に対する義務、子に対する義務。
ノラ　でもわたしには別に同じ程度神聖な義務が御座います。
ヘルメル　そんなものがあるものか。それはなんだ。
ノラ　自己に対する義務です。
ヘルメル　併し何より先に、妻たり母たるお前じや無いか。
ノラ　いいえ。わたしはもうそんな事は思ってゐません。わたしは何より先に人間だと思ひます。あなたと同じ人間です。よしやまだ同じでないまでも、これから同じになるやうに努力します。それは世間ではあなたに賛成いたしませう。又書物にも似た事が書いてありますけれど、世間の云ふ事や、本に書いてある事はもうわたくしの標準にはなりません。わたくし物事が明かに知れるまで、自分で考へて見ます。

ヘルメル　ふん。それでは我家庭に於ける自己の地位がまだ明かに知れないのか。そんな場合にはおれと云ふ間違のない教導者があるではないか。一体お前宗教は無いのか。

ノラ　さうですね。宗教ってどんな物だか、わたし好くも存じません。

ヘルメル　なんだと。

ノラ　それは堅振（けんしん）の前に牧師ハンゼンさんの仰やったことだけは知ってゐます。これが宗教だ、これがどうだと、あの人は講釈しました。わたくし今の周囲を脱して独立しました時には、あれも好く考へて見ませう。ハンゼンさんの云った事が正当だか、殊にわたしに取って正当だか、考へて見ませう。

ヘルメル　ふん若い女の詞としては言語同断だ。そこで宗教の教導は受けないとした所で一応お前の良心にうったへて見よう。せめて道義心だけはお前にもあるだらうから。それともそれも無いのか。返答をしてくれ。

ノラ　其返事はむづかしう御座いますね。わたくし絶待的に分からなくなってゐますの。すっかり迷って來まして。とにかくさうした事にはわたくしあなたなんぞと丸で違ふ考へかたをいたしてゐるだけはたしかです。法律なんぞも、わたくしの考へてゐたとは丸で違ってゐることが、今分かりました。併し只今の法律が正当だと云ふことは、どうしても頭にはひりません。死にかかっている親をいたはって置いたり、夫の命を助けたりしては悪いと云ふのですね、そんな事はわたくしには信ぜられません。

・

結局ノラは、ヘルメルが対等な人間として絶望や悩みを共有し喜びを分かち合える存在ではなく、「一人の人間」として自分を見ているのではないことに絶望し、彼の制止を振り切って家を出ました。

ノラの態度は明らかに罪の文化を反映しています。しかしそれは彼女がキリスト教を信じていたからではありません。「…世間の人がなんと云ふと思ふのか」という問いに対する「それはわたくし構ひません。わたくしのためにそれが必然の事ですから」という答えは明らかに罪の文化的思考の型を見て取ることのできるものですが、彼女は「宗教ってどんな物だか、わたし好くも存じません」と言って「必然の事」が宗教と無関係であることをはっきりさせています。そして更に法律と正義との関係にも疑問を投げかけました彼女こそ「内面化された罪の自覚を信頼する」人です。

初演（1879年）当時にこの劇は「スキャンダラス」という言葉で批評されました。その頃はヨーロッパでもまだ女性が罪の文化的行動をすることが社会に認知されていなかったのでしょう。しかしながら作者イプセンはやがて近代演劇の父と仰がれ、シェイクスピア以後、世界で最も盛んに上演されている劇作家という名誉ある評価を受けました。そしてこの劇に盛られた思想はまもなく女性参政権の問題をクローズアップし、さらに日を経て後にはジェンダーをめぐる諸問題に関する議論の沸騰へと発展したことを見逃すことはできません。これらの動きが主として欧米人によって主導されたという事実は、彼らの社会のsanctionsが罪の文化的特性を備えていることを明らかに示しています。

＊注：(1) ヘンリック・イプセン（作)、森鴎外（訳)「ノラ（人形の家)」世界戯曲全集刊行会（刊)『世界戯曲全集（第二十八巻）イプセン集』（1928）pp.265-345.

4. レルモントフ

映画『赤い靴』における罪の文化

(1) 映画の要項

ここに採りあげるのは1948年にイギリスで製作された劇映画『赤い靴』で、レルモントフはその主人公です。映画の主要なスタッフとキャストは次の通りです。

監督：マイケル・パウエルおよびエメリック・プレスバーガー
製作：同上
脚本：同上
出演：アントン・ウォルブルック（レルモントフ）
　　　マリウス・ゴーリング（クラスター）
　　　モイラ・シアラー（ペイジ）

この映画は最高の美を追求する精神が天才バレリーナの命を奪う物語です。美は人間にとって重要な価値ですが、あくなき美の追求がかえって不幸をもたらし、美の実現を阻害するという矛盾が描かれています。筆者の眼には、その映画が西洋文明の行方に関してある象徴的意味を持っているように見えます。その見解自体は新しくないかもしれませんが、それを導く過程において西洋人の社会を覆っている罪の文化がそこに支配的影響を及ぼしていると考えるのは、おそらく他に例を見ないことでしょう。製作者の意図がそこにあったかどうかは分かりませんが、この映画によって文化の型の侮り難い力が見せ付けられます。

(2) 悲劇のあらすじ

レルモントフはイギリス最大のバレエ団の団長です。そのバレエ団に、作曲家クラスターと踊り子ペイジとが偶然ながらほぼ同時に入団しました。この2人は共に若くて非常に有能であったのでレルモントフに認められ、運もあって、急速に地位を高めてやがて花形となりました。

レルモントフはアンデルセン原作の「赤い靴」を脚色したバレエを企画しました。その初演はクラスターの作曲・指揮とペイジの主演によって上演され、大成功を収めました。この上演を契機としてクラスターとペイジは熱烈な恋に陥りました。しかしレルモントフはこれを祝福せず、むしろ芸術に対する妨げと見てその仲を裂こうとしました。2人は退団して結婚し、クラスターは別の劇団でオペラの作曲に従事しました。結婚生活は幸せでしたが、踊ることを生き甲斐としていたペイジはそれを失いました。レルモントフはそこに付け込み、策をめぐらしてペイジを再びバレエの舞台に立たせようとしました。彼の頭には、ペイジの才能を極限まで引き出して最高の美を実現することしかなかったのです。これに動かされたペイジが再演を承諾し、いよいよその幕が上がろうとするところへクラスターが駆けつけ、ペイジをつれ戻そうとしました。彼とレルモントフとの間には口論が起こりました。クラスターの愛の説得も、レルモントフの芸術の強調も、共に強く、重いものであり、ペイジは決断できませんでした。これを見たクラスターが「さよなら」と言ったことによって口論は終わりましたが、ペイジはレルモントフにも、舞台にも、そしてこの世にも決別するしかありませんでした。彼女は舞台の衣装を着け、赤い靴を履いたまま驀進してくる列車の前に身を投じました。

このハプニングを知ったレルモントフは、ペイジが永久に踊れなくなったことを観客に告げたうえで主役抜きのバレエの幕を開けました。その舞台を凝然と見つめるレルモントフの姿を映して映画は終わります。

(3) 芸術至上主義

レルモントフの芸術至上主義は早い段階で示されます。ペイジがまだ無名の踊り子であったときにその叔母の伯爵夫人が姪の売込みを企てて彼をパーティに招待し、その席でペイジを踊らせようとしましたが、そこで次のやり取りがありました。

レルモントフ　How would you define ballet, Lady Neston?
（バレエとは何だとお考えですか。ネストン家の奥方様）

伯爵夫人　Well, one might call it the poetry of motion perhaps or …
（そうですね、運動の詩と言う人もあるでしょうし、それから…）

レルモントフ　One might, but for me, it is a great deal more. For me, it is a religion. One doesn't really care to see one's religion practiced in an atmosphere such as this.
（そういう方も居られるでしょうが私にとってはもっと大きいものですよ。私にとってバレエは宗教です。こういう雰囲気の中で宗教が持ち出されたって誰も本気で見はしません）

伯爵夫人　（立ち去るレルモントフの後姿を見ながら）
Attractive brute.
（気障な人）

ペイジはレルモントフが自分の踊りを見ようとしないのに気付いて彼の後を追い、ドリンクコーナーに居るのを見てその傍らで自分も飲み物をあつらえました。当初レルモントフはそこに現れたのが伯爵夫人の姪とは気付きませんでしたが、それを知ってからこんな問答がありました。

レルモントフ　Why do you want to dance?
（なぜ踊りたいのかね）

ペイジ　Why do you want to live?
（なぜ生きていたいの）

レルモントフ　I don't know exactly why, but I must.
（厳密なことはわからんが、とにかく生きていなけりゃならんからだ）

ペイジ　That's my answer too.
（わたしの答えもそのとおりよ）

レルモントフは彼女を入団させることにしました。

この会話からレルモントフとペイジの思想が似ていたことが分かります。もっとも彼女が後に彼の反対を押し切って結婚したことからすれば、両者の思想が完全に一致していたとは言えません。しかしそれでも、たとえば伯爵夫人のような人と比べれば遥かに近いものと言えます。それは一種の芸術至上主義です。この２人の思想的調和は「赤い靴」の初演の成功の一つの要因でした。しかしその成功をもたらしたのがそれだけではないことに注意すべきです。クラスターとペイジとの間に生まれた愛もまた成功の要因でしたが、それは成長するうちに早晩レルモントフの思想と衝突せずには済まないものでした。

(4) 独善的なプライド

レルモントフは、最高の踊りをすべきバレリーナにとって愛は障碍だと確信していました。ペイジの前にプリマを勤めていたバレリーナが結婚すると言い出したときに、彼は 'You can't have it both ways. The dancer who relies upon the doubtful comfort of human love. They'll never be a great dancer. Never.'（おまえは二股掛けるわけにはいかないよ。人間の愛のいいかげんな慰みを信頼するダンサーなんてものはね。

そんなものは偉大なダンサーには絶対になれないんだ。絶対にだよ。）と言いました。彼は人間の愛を信じなかったのです。映画の終わりに近いところでレルモントフとクライスターが口論したことはあらすじで言及しましたが、そのときにこんなやりとりがありました。

レルモントフ　Why do you think I waited day after day since you sent her away from me? For a chance to win her back.
（お前がペイジを連れて行ってから、俺が取り返すチャンスをつかもうとして、来る日も来る日も待ち構えていたのをどう思っているんだ）

クラスター　Because you're jealous of her.
（嫉妬いているからだ）

レルモントフ　Yes I am. But in a way you would never understand.
（その通り。だがな、おまえなんかには金輪際分からんすじ道でのことだぞ）

レルモントフの言葉には軽蔑のニュアンスがあります。彼は夫婦の間の愛をさえ否定し、自分の存在全体をひたすら芸術に投入するのを崇高なことと考えていました。それで彼の頭にはペイジの才能を極限まで引き出して最高の美を極めることしかありませんでした。そこには一種の優越感が潜んでいました。すなわちそれができるのは世界中で自分ひとりだというプライドです。人を愛することは誰でもできるが、ペイジの才能を開花させることは自分にしかできないという自負がありました。それでクラスターの 'Do you wanna destroy our love?'（僕らの愛をつぶすつもりか）という抗議は 'Adolescent nonsense.'（青臭いたわごとだ）と一蹴しました。

しかしよく考えてみましょう。彼が持ったプライド、優越感、そして崇高さの感覚は幻想ではないでしょうか。西洋人は歴史上で何度もそれに似た幻想を抱きました。たとえば人間が住む大地（the earth）は宇宙の中心にあって星辰はそのまわりを廻っているとか、人間は万物の霊長であるとか、白人は有色人種より優れているという、根拠薄弱だが人々――必ずしもすべての人々ではなく、時には一部の人々――に自負心や、優越感や、崇高さの感覚を持たせる幻想があり、それがガリレオに対する迫害や、ダーウィンに向けての嘲笑や、白人以外の人々への蔑視をもたらしました。そこには思考の一定のパターンがありますが、それは西洋文化受容以前の日本人には無かったものです。そういう自負心や、優越感や、崇高さの感覚は人間の生存に不可欠でもなければ人間の幸福を保証するものでもありません。それはかえって人類に重大な危険を及ぼすことさえあり得るものです。

話はさかのぼりますが、レルモントフがアンデルセン作『赤い靴』をバレエに脚色する計画をクラスターに打ち明けたときのことです。彼はストーリーの大略を次のように説明しました。

レルモントフ　The Ballet of the Red Shoes is from the fairy tale by Hans Anderson. It is a story of a girl who was devoured by an ambition to attend a dance in a pair of red shoes. She gets the shoes and goes to the dance and at first all goes well and she is very happy. At the end of evening, she gets tired and wants to go home.

But the red shoes are not tired. In fact, the red shoes are never tired. They dance out into the street, they dance over the mountains and valleys, through fields and forest, through night and day. Time rushes by, love rushes by. Life rushes by but the red shoes dance on.

（赤い靴のバレエはハンス・アンデルセンの童話から取ったものだ。それは赤い靴を履いて踊りに行きたいという願望に取り付かれた娘の話だ。その娘はそういう靴を得て踊りに行って、はじめは万事うまく行き、彼女は幸せだった。踊りの会が終わり、彼女は疲れて家に帰りたいと思った。

ところが赤い靴は疲れなかった。まったく、赤い靴は少しも疲れなかった。靴は道路に出ても踊り続け、山も谷も越え、野原も森も通り過ぎ、夜も昼も踊り続けた。時間はあっという間に過ぎ、愛もさっと行ってしまった。命も飛び去ったけれども赤い靴は踊り続けた）

クラスター　What happens in the end?
（最後はどうなるんですか）

レルモントフ　In the end she dies.
（最後にその娘は死ぬのだ）

レルモントフの話は原作と細部が違いますが、限りない美の追求が重大な危険をもたらすという大筋は変わっていません。美にせよ、それ以外のいかなる価値にせよ、一つの価値を限りなく追求することはどこの文化でも許されません。人間の社会の安定のためには多様な価値の均衡が必須であり、何か特定の価値を無限に追求する人が現れると必ず集団の全体としての生きる力が減退します。ベネディクトはこのことをよく知っていたので本書序章に引用した「文化人類学者として私は、…」で始まる段落でも「生活の一部を区切ってそれと対立する一組の価値に従う思考と行動をするとうまく行かなかったり、混乱したりするのを避けられない」と言ったのです。レルモントフの価値観は「美」という特定の価値を偏重し、社会の「生きる計画」から逸脱して一貫性を損なったのです。そのために「美」と「愛」という二つの価値の狭間に陥ったペイジが犠牲になりました。

そういう破局に導いたものを「悪魔」と呼ぶこともできるかもしれません。その映画の中にもレルモントフがその悪魔の役割を持っていることを暗示する場面があります。しかし独善的なプライドが必ず破局に至ると決まっているわけでないことも事実です。「天才」と言われた人の中にはそういう例がかなりあるように思われます。これは正確な統計に基づいて言っていることではありませんので強調はしませんが、罪の文化の社会は恥の文化の社会に比べて多くの悪魔を生み出すと同時に多くの天才をも輩出しているように思われます。

罪の文化の社会のこの特色は、私たちが近世以来の世界史を見るときに光と影のように付きまといます。そこでは輝かしい文明の発展と、悪夢のような殺人・破壊の大規模化とが並行的に進行しました。このことについてはすでに第１章１節２項で触れましたが、映画「赤い靴」はそういう現象が比較的小規模な社会にも現れることを示しています。これは『菊と刀』を真面目に読んだ人には改めて説くまでもないことでしょうが、念のために言い添えておきます。

5. カルメン

ジプシー的「自由」の果ての悲劇

(1) 作者、登場人物および背景

ここで採りあげるのはプロスペル・メリメ（1803－1870）作小説『カルメン』です。ビゼーが作曲した歌劇ではありません。

その小説が単行本として刊行されたのは1847年のことです。主要登場人物は「私」と表記されている考古学者のほかにカルメンとドン・ホセですが、「私」はフランス人で、カルメンはジプシー、そしてホセはバスク人です。物語はスペイン南部のアンダルシア地方を舞台として展開されます。

(2) 二つの出会い

「私」は古代史に記録されているある戦争の真実を探るために案内人を伴って辺鄙な土地を旅するうち、偶然１人の放浪者に出会いました。その男は短銃を携えており、山賊かもしれないと思われましたが、努めて温和に接し、食糧やたばこを与えた上に友人として人里離れたみすぼらしい宿に一緒に投宿しました。宿の女将は放浪者を見てハッとしたように「ドン・ホセ」というお尋ね者の名を口にしました。これを聞いた案内人は夜中に抜け出して軍隊の屯所へ急行しました。「私」はそれに気が付いて騎兵の一隊が駆けつける前にホセを逃がしました。

「私」は治安当局の取り調べを受けましたが軽い処分だけで許され、その後しばらくコルドヴァに滞在しました。ある宵にたばこ工場の近くの橋の上で水浴を終えて上がってきた１人の女工と言葉を交わしました。彼女はカルメンと名乗りましたが、その風采は次のように書かれています。

カルメン嬢が、純粋のジプシー種(たね)とは、私には思えなかった。少くとも彼女は、これまでに私が出会ったあの種族のどんな女より、とびはなれて美人だった。…（中略）…彼女の欠点には、必ず一つの美点が伴っており、対照の妙味によって、一層それが目立った。異様に野性的な美しさで一見人を驚かせる顔立ちだが、ひと目見たが最後、忘れられなくなった。特に彼女の目は情欲的で、狂暴な表情を宿していたが、これはその後今日に至るまで、私が人間の目には一度も見たことのないものだった。《ジプシーの目は狼の目》、これはスペインの諺だが、観察の正しさは賛(ほ)めてよい。(1)

彼女が時刻を気にしたので持っていた高価な懐中時計を見せました。「私」は彼女が占いを特技とすることに興味を感じてその家に行きました。家には少年が１人居ましたが、彼女が何か言いつけたらしく、どこかへ行ってしまいました。彼女が占いを始めたとき１人の男が荒々しく扉を開けて入ってきました。彼女はその無作法を咎めもせず、「私」には分からない言葉で男と何か話しましたが、彼女の態度からするとどうやら「私」を殺せと要求しているようでした。ところがその男は「私」の顔を見るや否や「おや、これは、旦那でしたか！」と言いました。彼はドン・ホセでした。

カルメンは執拗に迫りましたが、ホセがそれに応じないのを見ると深い軽蔑のまなざしを彼に投げかけて部屋の隅に座り込みました。「私」はホセと一緒にその家を出ました。ホセと別れて宿に帰ってから懐中時計がなくなっていることに気付きました。しかしそれを取り戻す手段をとることは、いろいろ考慮の上で断念しました。

＊注：(1) メリメ（著）、堀口大学（訳）『カルメン』新潮文庫（1956）pp.26-27.

(3) ホセの回想

2、3ケ月後、時計が治安当局に保管されていることが分かりました。複数の殺人容疑で指名手配されていたホセが自首したときにそれを持っていたのです。地元の教会の1人の僧が、それの持ち主が「私」であることを証言しましたが、彼は「私」が殺害されたと思っていました。彼は「私」が生きているのを喜ぶとともに、ホセが2日後に絞首刑に処せられることを告げました。「私」は監獄に赴いてホセに面会し、その口から長い回想を聞きました。

ホセは貴族の家に生まれましたが、学問は身につかず、優雅な生活にも馴染めずに竜騎兵の一兵卒になりました。彼はそこで武術の才能を発揮して早々と伍長（自衛隊の三曹に当たる）に昇進しました。そしてセヴィーヤのたばこ工場の衛兵として勤務していたときにカルメンと出会いました。

たばこ工場の昼休みに、他の兵隊や下士官が女工たちと談笑しているのをよそに黙々と細工物をこしらえているのを見たカルメンが近づいてきました。彼女は二言三言冗談を言ってから、口にくわえていたアカシアの花を指ではじいて彼の顔に当てました。彼女にしてみれば自分に関心を示さない男が居ることが面白くないのでちょっとからかっただけでしたが、若く純情なホセにとってはそれまで知らなかった心の炎の点火でした。

その日の午後、工場内で傷害事件を起こしたカルメンを部下の兵2名とともに監獄まで連行する任務がホセに課せられました。カルメンにとっては、世間擦れしていないホセをだますのは容易なことでした。彼女は2人の兵には分からないバスク語でホセに話しかけて油断させ、下町の曲がりくねった狭い道に入ったときにすきを見て逃げ出しました。周囲にいた民衆は軍人に反感を持っていたので追跡を妨げました。結局ホセは任務を果たせず、1ケ月の営倉入りに処せられたばかりか階級を下げられました。

ホセの回想の中に、自由に対するジプシーの強烈なこだわりを述べた印象的な言葉があります。

　ジプシーにとっては自由は人生のすべてです。たった一日の入牢を避けるために、大都市一つを焼き払うぐらいのことは、やりかねないこれは種族です。[(1)]

営倉に入れられたホセに宛てて上等のパンを差し入れた女性がありました。看守は「お前の従妹(いとこ)からだ」と言いましたが、心当たりはありません。人違いかもしれないと思いながらも腹が減っていたので食べようとすると、中から小型の鑢(やすり)一本と金貨が一枚出てきました。明らかにカルメンの仕業で、看守を愚弄したのです。それを使えば脱走できたでしょうが、ホセはそうせず刑期一杯そこに居ました。

下士官から兵に格下げされたホセはある日、１人の大佐の私邸で開かれたパーティの歩哨を命じられました。そこに呼ばれた芸人の中にカルメンが居ました。歩哨の位置から庭園で開かれたパーティの様子が垣間見られ、カルメンに１人の将校が言い寄るのが目撃されたとき、ホセは思いがけなく激しい怒りを感じました。彼の心はいつの間にかカルメンに奪われていたのです。彼はその直後の休日にカルメンが踊りを見せている酒場に赴き、金貨を返そうとしましたが、カルメンはそれを受け取らず、飲食に使ってしまおうと言って持ちきれないほどの食品を買い込み、古い家の一室を借り切って２人だけの宴会をして楽しい時を過ごしました。

日暮れになって兵営から帰営を促す太鼓の音が聞こえてきたとき、こんな会話がありました。

「点呼だ、隊へ帰らなければならない」私があの女に言います。
「隊へだって？」さげすみ切った様子で、彼女が言うのです。

「あんた黒んぼかい、棒の先でこき使われるなんか？　あんたって、芯から底からカナリヤね、本当に、服も気立ても。あほらしい、まるで牝鶏(めんどり)の気性じゃないか。」(2)

結局、ホセは懲罰覚悟で彼女と一夜を共にしました。この時に限らずカルメンは常にホセの心を支配しましたが、彼女が支配されることはまったくありませんでした。

翌朝別れるときにカルメンは、これで借りは返したからもう２人の間には何もなくなった、と言って行ってしまおうとしました。しかしホセは思いきれず、また会いたいと言いました。それに対して彼女は「もしかしてあんたが無法者の仲間にでもなればわたしは喜んであんたのロミ（妻）になるかもしれない」という言葉を残して去っていきました。

彼がその次にカルメンと出会ったのは、市街を囲む城壁の一部が崩壊した現場でした。それを修復する工事が終わるまで、夜間には歩哨が立って不正な通行を阻止しなければなりませんでした。ある日ホセにその任務が課せられました。夜半にそこへカルメンが現れて、数人の男が通るのを見逃せと要求しました。当初ホセはそれを拒絶しましたが、カルメンの巧みな手管に乗せられて密輸業者を通してしまいました。これが無法者の仲間入りの第一歩でした。

その後いくばくかの経緯がありましたがそれはともかくとして、カルメンがホセの上官である中尉と一緒に密室に入るところをホセが目撃するという衝撃的な出来事がありました。中尉は剣を抜いてホセを追い払おうとしましたが、その行為はかえってホセを逆上させ、応戦した彼が中尉を斬殺してしまいました。こうなるともはや本物の無法者になるしか道はありません。彼は軍隊から脱走し、カルメンの手引きで密輸業者とも山賊ともつかぬ連中の集団に参加しました。そしてその首領である片目の男がカルメンのロマ（夫）であることを知りました。

ある日ホセはトランプのゲームにかこつけて首領に喧嘩を売り、決闘して相手を殺しました。それは彼が無法者として完成したことを意味しましたが、それでもカルメンの心を引き留めることはできませんでした。彼女は一味のために獲物を見つけ出す役割を巧みにこなしましたが、ある時、ホセの目には余りにも身勝手と思われる行動があったので腕ずくでそれを制止したら、彼女はこう言って逆らいました。

「あんたは気が付かないか？　あんたをロムにしてからは、ミンチョロ（情夫）にしていた頃ほどわたしはあんたが好きでなくなったのさ。わたしはうるさいことを言われたり、命令されたりは真平だよ。わたしの願いは、自由にしておいてもらって、勝手なことがしたいんだ。わたしの堪忍袋の緒を切らさないように気をつけておくれよ。あんまりうるさいようだと、元気な若者を見つけて、あんたがあのめっかちにした通りを、今度はあんたにさせるから」(3)

いさかいは集団の次席に当たる男のとりなしで一応おさまりましたが２人の間にはひびが入ってしまいました。しかしそれでもホセが官軍との戦闘で重傷を負ったときには、カルメンは数日間ほとんど不眠不休で看護しました。ホセは傷が癒えたとき、生活を変える決心をしました。そして彼はカルメンに、アメリカの新天地で堅気の生活をしようと提案しました。しかし彼女はそれを一笑に附したのみならず、密輸商品を取り継ぐ新しい協力者の話を持ち出してホセが従来通りの生活から離れられないように仕向けました。ホセはそれに抗うことができませんでした。

ホセは機会をとらえて、人里離れた山中で最後の説得を試みました。２人して新しい堅気の生活をしようと説いても、カルメンが固定した夫婦関係を拒んであくまで自由奔放な生活にこだわるので「あんたの情夫を次ぎ次ぎに殺すのなんか、もうおれはうんざりだ、今度はあんたを殺してやる」とまで言いましたが彼女は動じませんでした。ホセが短刀の鞘を払っても彼女は少しもひるまず、自分の自由を主張しました。ホセは最後の瞬間まで彼女が翻意することを期待していましたが、結局短刀をカルメンの胸に突き立てるしかありませんでした。

＊注：(1) メリメ（前出）p.46.
(2) 同上、p.53.
(3) 同上、p.80.

(4) 生き方

カルメンの思考と行動は明らかに罪の文化を反映しています。本書の序章３節「恥の文化と罪の文化」に掲げたベネディクトの言葉の二番目のものを、章末にある意訳のように読めばそれがよく分かります。念のためにそれをもう一度掲げましょう。

少しも罪の文化的なものを含んでいない恥の文化では、自分が善いと思うことをすれば他人もそれを善いと認めるからするのであって、少しも恥の文化的なものを含まない罪の文化がするような、自分が善いと思えば他人が認めようと認めまいとかまわずに実行するということはない。

ここでしっかり認識しなければならないのは、恥の文化も罪の文化も、恥の意識または罪の意識とは無関係であることと、いかなる宗教ともつながっていないことです。カルメンがあくまで他者の支配や干渉を拒んだのは、序章の初めに『菊と刀』から引用した文にある「生きる計画」の問題であって、それこそ宗教以前、意識以前の生き方の問題なのです。ジプシーの場合には他者による支配や干渉をあくまで否定することが「生きる計画」に含まれているのであって、その生き方は借りものでも付け焼刃でもありません。いわば「全世界の根本」なのです。だからこそ死ぬまでそれを曲げなかったのです。恥の文化や罪の文化を「恥」あるいは「罪」という記号の水準で理解するような生半可な考え方しかできない人には、カルメンの思考と行動が罪の文化を反映していることを理解できないでしょうし、罪の文化の本当の恐ろしさに気付くこともないでしょう。

言うまでもなく『カルメン』はフィクションです。しかし、だからと言ってそれを軽視するのは間違いです。それは、日本人によって創作されることは決してあり得ない小説です。一方わが国には宇野千代作『おはん』という小説（第２章４節参照）がありますが、これは西欧人によって創作されることのあり得ない作品です。『カルメン』が日本人に創作できず、『おはん』が西欧人に書けないのは、日本にジプシーが居ないためでもなければ、また西欧に芸者が居ないので「おかよ」という敵役が成立しないためでもありません。日本人の間でカルメンのような生き方をする人が居ても、また西欧人の社会でおはんのような生き方をする人が居ても、そういう人を主人公にした文学作品は価値を認められないからです。

その一方、こういうことも忘れるわけには行きません。すなわちジプシーの生き方が西欧人一般の生き方を代表すると考えることはできません。現にホセはその生き方にどうしても馴染めませんでした。これはプーシキン作『ジプシー』に登場するアレコの場合も同様です。しかし西欧人は『ジプシー』を脚色して『アレコ』というバレエを作りましたし、『カルメン』からは大ヒットした歌劇を作りました。ジプシーの生き方と一般の西欧人の人生観との間に通底するものがあるからこそ、そういうことが実現したのです。『おはん』は、日本人によって映画や舞台劇に脚色され、それぞれ好評を博しましたが、西欧人がそういうことをするとは考えられません。おはんの生き方と西欧人の人生観との間には通底するものが無いからです。その「通底するもの」こそ文化の型なのです。それゆえ文化の型を問題にするときには、もともとの物語が現実の出来事であるかフィクションであるかは重要な問題ではありません。どちらであっても、世人（集団の構成員）がそれを重視するか否かが問題なのです。

文化の型に関するこういう見方に気が付けば、筆者がこの章の最初の節「デカルト」の最後の項「近代的理性主義と現代の諸問題」で述べたことが改めて注目されるのではないでしょうか。筆者は、近代的合理主義が一方において人類の福祉に貢献しながら他方に於いて人類の絶滅に及びかねない災禍をもたらしつつあることを憂慮していますが、そこに西欧的文化の型としての罪の文化が大きい役割を持っているとすれば、極めて大きい危険を感じずにはいられません。というのは、近代的合理主義の根底にある罪の文化と、「正義が行われることによって全世界が滅びても仕方がない」という思想とが密接な関係を持っているように思われるからです。カルメンは自由を至上の価値とする生き方のゆえに死をも恐れませんでしたが、プーシキンやメリメの時代と違って現代ではその価値観が個人の生死を超えて全人類の安否に直接かかわることがあり得るのです。それに対処するには、私たちが文化の型に対する正確な認識を確立することが絶対に必要です。

第２章
恥の文化の中に生きた人々が見える

1．小説『羅生門』の「下人」

恥の文化における行動の型形成のすじ道の例

(1) 下人が１人で居たときの心の動き

恥の文化の事例としてまず芥川龍之介（1892－1927）の代表作『羅生門』を採りあげます。お断りしておきますが、以下に掲げるのは文芸批評ではありません。『菊と刀』を読んだ上での単なる感想文です。この短編小説には「恥」という言葉は一度も使われていません。作者芥川は、無論、「恥の文化」という言葉を知りませんでした。それでいながらそこには見事に恥の文化が描き出されていることに感心して読者の皆様にもご覧いただこうとしているのです。

なお、ここではテキストとしてインターネットの電子図書館、青空文庫に載せられた文（新字新仮名）を利用させていただきます。同文庫の皆様に感謝します。

平安時代末期のことです。京都では地震や、辻風や、大火や、伝染病といった災害が続き、社会は疲弊の極に達していました。都の中心を南北に走る朱雀大路の南端にある大きい門が羅生門ですが、それを管理するはずの役所も機能しなくなって荒れ放題になっていました。それは二層の木造建築で、現在見られる南禅寺の山門をもっと大規模にしたようなものでした。その大きい建造物が放置されていたので、はじめは野生動物が棲み、それから盗賊が棲むようになったのですが、もっと悪いことに誰かが引き取り手のない死人を捨てました。そうなると次から次へと死体が持ち込まれ、そしてそれをねらってカラスの群れがやってきました。それで人々は気味悪がって、日が暮れると誰も近付かないようになりました。

ある秋の雨の日暮時に、4、5日前に奉公先から暇を出された下人が1人羅生門に雨宿りに来ました。彼は明日の生活を何とかせねばならなかったのですが、どうする当てもなく途方に暮れていました。

どうにもならない事を、どうにかする為には、手段を選んでいる遑(いとま)はない。選んでいれば、築地(ついじ)の下か、道ばたの土の上で、饑死(うえじに)をするばかりである。そうして、この門の上へ持って来て、犬のように棄てられてしまうばかりである。選ばないとすれば――下人の考えは、何度も同じ道を低徊(ていかい)した揚句に、やっとこの局所へ逢着(ほうちゃく)した。しかしこの「すれば」は、何時までたっても、結局「すれば」であった。下人は、手段を選ばないという事を肯定しながらも、この「すれば」のかたをつける為に、当然、その後(のち)に来(きた)る可き「盗人(ぬすびと)になるより外に仕方がない」と云う事を、積極的に肯定するだけの、勇気が出ずにいたのである。

当時、都には盗賊が横行していました。彼はそれをよく知っていたのですが、１人で思案している間は自分が盗賊になることに踏み切れませんでした。それは彼の心の片隅にある良心の影響だと言ってもよいかもしれません。しかしその良心がどんな種類のものかは問題を含んでいます。

彼は、とにかく寝る場所を見つけようとして、羅生門の階上に上がる梯子(はしご)に足をかけた。階上には死人のほかには誰も居ないだろうと思ったのである。ところが梯子の中程まで上がると階上で灯火が動くのが見えた。そこに生きた人間が居るとすればどうせまともな者ではない。下人はそっとのぞいてみた。すると、一人の痩せこけた老婆が女の死骸の髪の毛を抜いているのが見えた。下人の心は、六分の恐怖と四分の好奇心によって占められ、しばらくは息をするのさえ忘れた。

その髪の毛が、一本ずつ抜けるのに従って、下人の心からは、恐怖が少しずつ消えて行った。そうして、それと同時に、この老婆に対す

> るはげしい憎悪が、少しずつ動いて来た。——いや、この老婆に対すると云っては、語弊があるかも知れない。寧（むしろ）、あらゆる悪に対する反感が、一分毎に強さを増して来たのである。この時、誰かがこの下人に、さっき門の下でこの男が考えていた、饑死をするか盗人になるかと云う問題を、改めて持出したら、恐らく下人は、何の未練もなく、饑死を選んだ事であろう。それほど、この男の悪を憎む心は、老婆の床に挿した松の木片のように、勢よく燃え上り出していたのである。
>
> 下人には、勿論、何故（なぜ）老婆が死人の髪の毛を抜くかわからなかった。従って、合理的には、それを善悪の何（いず）れに片づけてよいか知らなかった。しかし下人にとっては、この雨の夜に、この羅生門の上で、死人の髪の毛を抜くと云う事が、それだけで既に許す可（べか）らざる悪であった。勿論、下人は、さっきまで、自分が、盗人になる気でいた事なぞは、とうに忘れているのである。

明らかに、彼の心の中の良心が彼を突き動かしました。死者の持ち物を奪うだけでもすでに明白な悪事であるのに、まして人間の死体を傷つけるなどというのは畜生の仕わざです。それを人間がしているところを見て無性に腹が立ちました。

彼は跳び出していって老婆をねじ伏せ、太刀（たち）を突き付けて、何をしていたのかと詰問しました。

(2)「個人」から「社会」へ

そのとき彼がした行動は、純粋な恥の文化からは外れたものでした。一見したところその行動は、序章で見た「まじりけのない恥の文化は、善行に対する外部からの支持を信頼し、まじりけのない罪の文化がするような、内面化された罪の自覚を信頼することはない」という見方からするとむしろ罪の文化的です。さらに言えばその行動は、筆者が事実上の『菊と刀』の結論と考えるところの、第12章「子供は学ぶ」にある次の記述とも合致していないように思われるかもしれません。

But the Japanese ask a great deal of themselves. To avoid the great threats of ostracism and detraction, they must give up personal gratifications they have learned to savor. They must put these impulses under lock and key in the important affairs of life. The few who violate this pattern run the risk of losing even their respect for themselves. Those who do respect themselves (jicho) chart their course, not between 'good' and 'evil' but between 'expected man' and 'unexpected man,' and sink their own personal demands in the collective 'expectation.' These are the good men who 'know shame (haji)' and are endlessly circumspect. They are the men who bring honor to their families, their villages, and their nation.(1)

しかしながら日本人は、自分自身に莫大なものを求める。排斥と誹謗という巨大な脅威を避けるために、彼らは味わうために覚えた個人的な楽しみを断念しなければならない。彼らは人生の重大事の中にあってはこれらの衝動に錠を下さねばならない。このような型を守れない人が稀に居るが、そういう人は自らに対する尊敬の念すら失うおそれがある。自らを尊重する（「自重」する）人は、「善」と「悪」との間にではなく、「期待された人」であるか、「期待はずれの人」であるかということの間に進路を求め、自分の個人的要求は集合的「期待」の中に埋没させる。こういう人たちは「恥を知り」限りなく慎重な善人である。そういう人たちこそ、自分の家に、自分の村に、また自分の国に名誉をもたらす人物である。

それゆえ老婆の前に跳び出していくまでの下人の行動は、それがもし文化という点から問題にすべきものであるとすれば、恥の文化ではなくむしろ罪の文化の側にあると言えるかもしれません。しかしながらそう言い切ってしまうわけにはいきません。ベネディクトは、日本人の行動が何から何まで百パーセント恥の文化で説明できるなどとは言っていないのです。それどころか第10章ではこんなことも言っています。

The strong identification of circumspection with self-respect includes, therefore, watchfulness of all the cues one observes in other people's acts, and a strong sense that other people are sitting in judgment. 'One cultivates self-respect (one must jicho),' they say, 'because of society.' 'If there were no society one would not need to respect oneself (cultivate jicho).' These are extreme statements of an external sanction for self-respect. They are statements which take no account of internal sanctions for proper behavior. Like the popular sayings of many nations, they exaggerate the case, for Japanese sometimes react as strongly as any Puritan to a private accumulation of guilt. But their extreme statements nevertheless point out correctly where the emphasis falls in Japan. It falls on the importance of shame rather than on the importance of guilt.(2)

慎重と自重とを厳しく同一視するということの中には、他者の行動の中に看取される暗示のすべてに油断なく心を配ること、および他者が裁判官の席に居ると強く意識することが含まれている。彼らは、「世間がうるさいから自重せねばならない」とか、「もし世間というものがなければ、自重しなくてもよいのだが」などと言う。こういう表現は自重がexternal sanctionsにもとづくことを述べた、極端な言い方である。適切な行動のinternal sanctionsを全然考慮の中に置いていない表現である。多くの国々の通俗的な言いならわしと同じように、これらの言い方も事実を誇張しているのであって、現に日本人は時によっては、他者に知られていないいくつかの罪業に対してピューリタンと同じくらいに強い反応を示すことがある。とはいうもののやはり

> 右の極端な表現は、日本人がおよそどういうところに重点を置いているかということを正しく指摘している。すなわち、日本人は罪の重大さよりも恥の重大さに重きを置いているのである。

ベネディクトがこの文で言ったのは罪の重大さに重きを置くか、それとも恥の重大さに重きを置くかは相対的な問題だということです。したがって日本人が自分の心の内にある罪の深さにピューリタンと同様の強い反応を示したり、死体を傷つける老婆を見て無性に腹を立てたりしたからといって、それが日本人らしくないなどと言ってはなりません。日本が恥の文化の国だというのは、日本人が社会を形作るときには罪よりも恥に重点を置いた行動をするということです。文化の型は社会のものであって個人のものではありません。羅生門に近付いてから老婆の前に跳び出していくまでの下人の思考と行動は、社会人というよりはむしろ個人としてのもので、文化の型との関係を云々されるものではありませんでした。

羅生門の階上では、下人が老婆に明白な態度を示したことによって一つの社会が出現しました。下人は逃げようとした老婆をねじ伏せて太刀を突き付けました。彼は老婆の生死が完全に自分の意志の下にあることを意識すると憎悪の念が冷め、その代わりに一種の得意と満足の念を持ちました。そして太刀を鞘におさめ、やや冷静な声で自分は検非違使(けびいし)の庁の者ではないからおまえを引っ立てはしない、ただ、何をしていたのか話すだけでよいと告げました。それに対する老婆の答えは、死人の髪を抜いて鬘(かずら)にしようと思ったということでした。それを聞いた下人の心情と、老婆がその後に続けて言った言葉は次のように書かれています。

> 下人は、老婆の答が存外、平凡なのに失望した。そうして失望すると同時に、又前の憎悪が、冷(ひややか)な侮蔑(ぶべつ)と一しょに、心の中へはいつて来た。すると、その気色(けしき)が、先方へも通じたのであろう。老婆は、片手

に、まだ屍骸の頭から奪(と)った長い抜け毛を持ったなり、蟇(ひき)のつぶやくような声で、口ごもりながら、こんな事を云った。

「成程な、死人(しびと)の髪の毛を抜くと云う事は、何ぼう悪い事かも知れぬ。じゃが、ここにいる死人どもは、皆、その位な事を、されてもいい人間ばかりだぞよ。現在、わしが今、髪を抜いた女などはな、蛇(へび)を四寸(しすん)ばかりずつに切って干したのを、干魚(ほしうお)だと云うて、太刀帯(たてわき)の陣へ売りに往(い)んだわ。疫病(えやみ)にかかって死なななんだら、今でも売りに往んでいた事であろ。それもよ、この女の売る干魚は、味がよいと云うて、太刀帯どもが、欠かさず菜料(さいりょう)に買っていたそうな、わしは、この女のした事が悪いとは思うていぬ。せねば、饑死をするのじゃて、仕方がなくした事であろ。されば、今又、わしのしていた事も悪い事とは思わぬぞよ。これとてもやはりせねば、饑死をするじゃて、仕方がなくする事じゃわいの。じゃて、その仕方がない事を、よく知っていたこの女は、大方わしのする事も大目に見てくれるであろ」。

＊注：(1) Benedict (1954) p.293.
(2) 同 p.222.

(3) 飢えた人間の社会が下人に期待したもの

そして物語は急転します。老婆の言うことを冷然と聞いていた下人の心の中にはその前とはまったく違うものが急速に頭をもたげました。

……これを聞いている中に、下人の心には、或勇気が生まれて来た。それは、さっき門の下で、この男には欠けていた勇気である。そうして、又さつきこの門の上へ上って、この老婆を捕えた時の勇気とは、全然、反対な方向に動こうとする勇気である。下人は、饑死をするか盗人(ぬすびと)になるかに、迷わなかったばかりではない。その時の、この男の心もちから云えば、饑死などと云う事は、殆、考える事さえ出来ない程、意識の外に追い出されていた。

「きっと、そうか」

老婆の話が完(おわ)ると、下人は嘲(あざけ)るような声で念を押した。そうして、一足前へ出ると、不意に右の手を面皰(にきび)から離して、老婆の襟上(えりがみ)をつかみながら。噛みつくようにこう云った。

「では、己が引剥(ひきはぎ)をしようと恨むまいな。己もそうしなければ、饑死をする体(からだ)なのだ」

下人は、すばやく、老婆の着物を剥ぎとった。それから、足にしがみつこうとする老婆を、手荒く屍骸の上へ蹴倒(けたお)した。梯子の口までは、僅(わずか)に五歩を数えるばかりである。下人は、剥ぎとった檜皮色(ひわだいろ)の着物をわきにかかえて、またたく間に急な梯子を夜の底へかけ下りた。

そして小説は結びの数行に入りますが、その余韻(よいん)に満ちた文章はここで分析する対象ではありません。

下人の心の内に、物語のはじめの段階では欠けていた勇気、中ほどで持っていたのとは全然反対方向の勇気が引き起こされた契機は何だったのでしょうか。老婆に髪の毛を抜かれた亡者の過去の行状でしょうか。それもあるかもしれませんが、もっと重要なことがその前に言われています。筆者は「ここにいる死人どもは、皆、その位な事を、されてもいい人間ばかりだぞよ」という一文に最大の重みを感じます。そしてそれに次いで重要なのは最後に言われた「その仕方がない事を、よく知っていたこの女は、大方わしのする事も大目に見てくれるであろ」です。世の中の人間が誰もかれも飢えていて、人をだましたり、抵抗できない者から物を奪ったりしなければ生きていけないのだからみんながそうしているというのであって、みんながしていることだから許されるはずだという論理です。

これは紛れもなく恥の文化の論理です。先ほど触れたように、恥の文化と罪の文化との区別は「まじりけのない恥の文化は、善行に対する外部からのサンクションを信頼し、まじりけのない罪の文化がするような、内面化された罪の自覚を信頼することはない」というところにあります。罪の文化では自分の内面化された罪の自覚に抵触しないことが善行ですが、恥の文化では他者がこぞって支持することが善行なのです。それゆえ、世の中の人間のほとんど全員が飢餓を逃れるために詐欺や強盗をしているなら、自分もそれをして悪いはずはないということになります。これこそベネディクトが真剣に捉えようとしたすじ道（the way）の一つです。

「羅生門」の主人公は罪の文化とは無縁です。彼は当初、盗みは悪事だと思っていましたが、そう考えさせた良心は、ノラの自分自身に対する義務の感覚や、レルモントフの芸術至上主義や、カルメンの自由主義のような確固たるものではありませんでした。それは、世人は彼が盗みをしないことを期待するはずだという程度の漠然たる観念（意識されていたわけではありませんが）に基づいていました。ところが老婆と会話するうちにその観念は後退しました。同じ文化の中に生まれ育った他者とのコミュニケーションに結びついた無意識的観念が、1人で思案していたときに考えを支配していた無意識的観念を押しのけたのです。恥の文化の社会では、世人の期待はむしろ飢えた人間はどんな事でもするだろうというところにあったのです。そしてこれは下人の行動を最終的に支配しました。

日本人の中には個人としては罪の文化に属するかのような思考と行動をする人がしばしばありますが、そういう人でも日本人の集団の中に居るときには、多くの場合、恥の文化に沿って動きます。『羅生門』はこのことを見事に描いた小説です。もちろんこれは作者がベネディクトの説を知っていたからではなく、彼女に引けを取らない透徹した洞察力を持っていたからこそできたことです。

2. 福沢諭吉

鋳直しの事例としての『学問のすすめ』

(1) この節での問題

筆者は本書の序章2節「文化の型とは何か」で文化の型の基本的性質を三か条にまとめて掲げました。その第一条によると永続的な社会生活をするために必要な思考と行動の型を形成することが文化の型の第一義的な機能ですが、そればかりではなく外部からの影響によって混乱が起こるのを防止することも重要な機能として備わっていることが指摘されました。この節では主としてこの第二義的な機能が注目されます。

筆者はここで福沢諭吉著『学問のすすめ』を採りあげ、そこに外来の思想の顕著な変容が見られることを指摘します。こういう限定された目的を掲げて見るので17編から成るその本の全体を扱う必要はありません。以下では初編の、それも最初の段落だけが注意深く読まれます。上に掲げた目的からすれば、それだけで十分です。

福沢は、たぶんアメリカ合衆国独立宣言から日本人の知らなかった思想を採り入れて人々に紹介したつもりでいたのでしょうが、彼の無意識の中にある日本文化の型が持っている情報を変容する機能に導かれて、アメリカの建国の父たちが想像もしなかった思想をその本に盛ったのです。そしてその本は当時の日本人に大受けし、ベストセラーになりました。実に不思議な現象が起こったわけですが、2010年に筆者(1)が指摘するまで誰一人それに注目しませんでした。これは『菊と刀』の視点から見ることによって初めて認識できる現象なのです。

＊注：(1) 森貞彦『「菊と刀」注解　増補改訂版（上)』オンブック (2010) pp.122-127.

(2) 鋳直しについて

筆者は今しがた福沢が「情報を変容する機能」に導かれたという表現を用いましたが、文化の型のその機能はベネディクトが「鋳直し」(recast) と呼んだものです。彼女は1934年に刊行した『文化の型』の中でそれについてこう述べました。

> Cultures, likewise, are more than the sum of their traits. We may know all about the distribution of a tribe's form of marriage, ritual dances, and puberty initiations, and yet understand nothing of the culture as a whole which has used these elements to its own purpose. This purpose selects from among the possible traits in the surrounding region those which it can use, and discards those which it cannot. Other traits it recasts into conformity with its demands. The process of course need never be conscious during its whole course, but to overlook it in the study of the patternings of human behaviour is to renounce the possibility of intelligent interpretation.(1)

『文化の型』の和訳として現在入手できるのは米山俊直の訳本(2)ですが、それに載っているこの英文の訳には誤りがありますのでそれを直して正しい文を次に掲げます。ゴシック体のところが改められた箇所です。

> 文化もおなじように、いろいろな文化的行為の単なる寄せあつめ以上のものである。たとえある部族の結婚慣習、儀礼的舞踊、成人儀礼などの形式の状態をすべて知ったとしても、それだけでは、それらの文化的行為を要素として部族自身の目標のために用いた、全体としての文化をまったく理解してはいないのだ。この目標は周辺地域に存在する文化的行為の可能姓の中から、有用なものを選択し、不用なものをすてている。その必要に応じて、ほかの文化的行為は目標に沿う適

切なものに鋳直されているのである。もちろんこのプロセスは**そのコース全体を通じて決して意識されないことが必要である**。だが人間行動のパターンの形成を研究する立場からみれば、この点を見落すことは知的解釈の可能性を放棄することになる。

この重要な段落で最も強調されているのは最後のセンテンスであること、したがって「鋳直し」は文化の型の機能の中で特に注目すべき現象であることを忘れないようにしましょう。

＊注：(1) Benedict, R. F., *Patterns of Culture*, MENTOR BOOK（1946）pp.53-54.
(2) ベネディクト（著)、米山俊直（訳）『文化の型』社会思想社（1973）p.84。ここに掲げた引用文の中でゴシック体文字を含む文は、米山の訳本では「もちろんこのプロセスは全体として意識的である必要はけっしてない」となっている。米山は原文にある never によって否定されているのは whole course だと思ったようだが、これは間違いで、否定されているのは明らかに be conscious である。

(3)『学問のすすめ』とアメリカ合衆国独立宣言

それでは『学問のすすめ』の最初の段落を見ましょう。

天は人の上に人を造らず人の下に人を造らずと云へり。されば天より人を生ずるには、万人は万人皆同じ位にして、生れながら貴賎上下の差別なく、万物の霊たる身と心との働を以て天地の間にあるよろづの物を資(はか)り、以て衣食住の用を達し、自由自在、互に人の妨をなさずして各安楽にこの世を渡らしめ給ふの趣意なり。されども今広く此人間世界を見渡すに、かしこき人あり、おろかなる人あり、貧しきもあり、富めるもあり、貴人もあり、下人もありて、其有様雲と泥との相違あるに似たるは何ぞや。其次第甚だ明なり。実語教に、人学ばざれば智なし、智なき者は愚人なりとあり。されば賢人と愚人との別は学ぶと学ばざるとに由て出来るものなり。又世の中にむづかしき仕事もあり、やすき仕事もあり。其むづかしき仕事をする者を身分重き人と名づけ、やすき仕事をする者を身分軽き人と云ふ。都て心を用ひ心配する仕事はむづかしくして、手足を用る力役はやすし。故に医者、学者、政府の役人、又は大なる商売をする町人、夥多の奉公人を召使ふ大百姓などは、身分重くして貴き者と云ふべし。身分重くして貴ければ自から其家も富で、下々の者より見れば及ぶべからざるやうなれども、其本を尋れば唯其人に学問の力あるとなきとに由て其相違も出来たるのみにて、天より定たる約束にあらず。諺に云く、天は富貴を人に与へずしてこれを其人の働に与る者なりと。されば前にも云へる通り、人は生れながらにして貴賤貧富の別なし。唯学問を勤て物事をよく知る者は貴人となり富人となり、無学なる者は貧人となり下人となるなり。[(1)]

冒頭の「天は人の上に人を造らず人の下に人を造らずと云へり」という一文は非常に広く知られています。そしてそれはアメリカ合衆国独立宣言に由来する文です。「…この世を渡らしめ給ふの趣意なり」までの数行の元になった言葉をその宣言文から見つけ出すのは容易なことで、すぐに次の文が見つかります。

We hold these truths to be self-evident, that all men are created equal, that they are endowed by their Creator with certain unalienable Rights, that among these are Life, Liberty and the pursuit of Happiness.[(2)]

念のために、岩波文庫『人権宣言集』（1957 年）に載せられた高木八尺の訳文を掲げておきます。

> われわれは、自明の真理として、すべての人は平等に造られ、造物主によって、一定の奪いがたい天賦の権利を付与され、そのなかに生命、自由および幸福の追求の含まれることを信ずる。[3]

ここで強調したいのは次の点です。‘All men are created equal’ という一句が「天は人の上に人を造らず人の下に人を造らずと云へり」という文の元になったというのは、形式的類似としては認められますが、『学問のすすめ』での文脈を検討すれば、そういう類似には何ほどの意味もないと考えるしかありません。「されども」という言葉の前後で言うことが全然違います。独立宣言の方は権利を中心に置き、とくに生命、自由および幸福追求の権利を重く見ていますが『学問のすすめ』の方には権利の意識が全然ありません。この権利意識の欠如と「人の上に人を造らず人の下に人を造らず」という、天のせっかくのすばらしい配慮との矛盾を象徴しているのが、この「されども」という接続詞です。

福沢は職業によって人の間に差別が生じることを当然としており、「唯学問を勤て物事をよく知る者は貴人となり富人となり、無学なる者は貧人となり下人となるなり」と結んでいます。そしてこの段落全体を通じて、親が子に優越し、長男が次男以下には認められない特権を持ち、男が女の上に立つというような、学問と関係があるとは思えない上下関係はまったく問題にされていません。要するに、現実の日本において人の上に人があり、人の下に人があるということ自体は当たり前で、「天は人の上に人を造らず人の下に人を造らず」という思想とはまったく関係のないこととされているのです。学識があろうと無学であろうと、出生が先であろうと後であろうと、性別がどうであろうと、知的職業に就こうと体力でこなす職業に従事しようと、その他どんな理由があろうとそういうこととは関係なく造物主によって与えられた一定の奪いがたい権利があるという思想は、上に引用した段落だけでなく、『学問のすすめ』全編のどこにも見当たりません。独立宣言文を書いたアメリカの国父たちの思想は『学問のすすめ』では完全に無視されています。

ここに罪の文化と恥の文化との違いが明瞭に反映しています。本書の序章の末尾で筆者が「思い切って次のように意訳すればいくらか分かりやすくなるのではないでしょうか」と断った上でベネディクトの言葉を意訳した文がありますが、それをもう一度見てみましょう。

> 少しも罪の文化的なものを含んでいない恥の文化では、自分が善いと思うことをすれば他人もそれを善いと認めるからするのであって、少しも恥の文化的なものを含まない罪の文化がするような、自分が善いと思えば他人が認めようと認めまいとかまわずに実行するということはない。

独立宣言文における権利の思想は明らかに罪の文化に属するものです。殖民地の人々がこうあらねばならないと確信したことをイギリス本国の政府が否認したとき、彼らは命がけで戦って権利を確立しました。これに対して福沢の言うことは、権利の意識はまったく無く、すでに出来上がった階層制度の中で、言い換えると人々がこぞって支持している体制を動かすことのできない前提として、できるだけ高い位置に居場所を得るための努力を促す教説——これは明らかに恥の文化に属するものです——にすり替えられています。文化の型を追究する立場に立つならば、これを見逃すことはできません。

＊注：(1) 福沢諭吉『学問のすすめ』岩波文庫 (1942) 11-12。
(2) Wikipedia, the free encyclopedia (in English) “United States Declaration of Independence”
(3) 高木八尺、末延三次、宮沢俊義（編）『人権宣言集』岩波文庫 (1957) p.114.

(4) 福沢の無意識における鋳直し

福沢が日本人を啓発するために著した本でこういう基本的な思想のすり換えをしたのはなぜでしょう。彼が意図的に日本人をアメリカ人の志から遠ざけようとしたのでしょうか。そういうことがあるとは思えません。当時の日本人は欧米列強に引けを取らぬ国を作ろうと一所懸命努力していました。『学問のすすめ』はそれに対する一つの指針として書かれ、ベストセラーとなって当時の青少年に多大の影響を与えました。彼の意図は的中したのですが、彼はアメリカ合衆国独立宣言を知っていながら、かの国の建国の父たちの精神を、意図的ではないでしょうが無視したのです。彼は当時の日本で最高の教養を持った人であり、何度も洋行しましたし、その経験を踏まえて各方面に大きい業績を残しました。決して無能な人ではありませんが、それでも彼には日本人であるがゆえにできないことがあったのです。彼の意識の及ばないところにある障害のためにそうなったのです。

これこそベネディクトの言う recast（鋳直し）の好例です。それは決して意識されないことなので、彼の意志による制御はありえなかったのです。そして彼の文を読んだ日本人に気付かれる可能性もありませんでした。

では何がその鋳直しをさせたのでしょう。それは日本の「全体としての文化」すなわち文化の型です。それが日本人の目標[(1)]のために、周辺地域（この場合はアメリカ）に存在する文化的行為の可能性（独立宣言文の内容）から、有用なものを選択し、不用なものを棄てたのです。その過程の全体が「鋳直し」です。有用とされたのは「すべての人は平等に造られ」という一句だけです。ただしそれは「平等」を単に士農工商という古い身分制度の否定というだけの狭い意味に理解してのことで、親子とか、出生の順序とか、性別とか、天孫民族と少数民族とか、健常者と障碍者というような関係における不平等は眼中に置かれていません。それればかりか古い身分制度に代えて新しい身分制度すなわち「学問を勤て物事をよく知る者」と「無学なる者」の区別を立てようとしたのです。これが『学問のすすめ』の最初の段落の趣旨であり、同時に日本の「全体としての文化」の目指すところでもあったのでその本はベストセラーになり、その後約150年を経た今も日本人の社会に存続している学歴信仰の出発点になったのです。

＊注：(1) この「目標」(purpose) というのはベネディクトが『文化の型』で用いた語であるが『菊と刀』の第1章ではこれと同じものが'design for living'（生きるための計画）と言われていることに注意のこと。序章1節の最初の引用文参照。

(5) すじ道を追究するということ

私たちはここに日本人のたどるすじ道の一例を見ることができます。これはたしかにアメリカ人がたどるすじ道とは違います。日本人は、アメリカ人が命がけで守ろうとする生命、自由および幸福の追求の権利には冷淡で、身分重くして貴き者の地位を求めることには熱心です。このことから、高い地位を重んじることが日本の「全体としての文化」の目標であると考えたとすれば、それは理由のあることだと言えます。

ここで注意すべきことがあります。それは、今言った「目標」がそのまま日本文化の型であると考えてもよいかということです。筆者は短絡的にそう考えるのを戒めるべきだと思います。だいいち、単に「高い地位を重んじること」だけが「人間の集団が永続的な社会生活を営むために必要な」思考と行動の型だと言うわけには行きません。他にも何か「目標」があると考えるべきです。もし何もなければ日本人の集団は均衡のとれた社会生活を維持することができなくなるでしょう。

したがって目標は単一ではないと予想すべきでしょうし、鋳直しも単純ではないことがあり得ます。その具体例を知りたいと思うならば『菊と刀』を開いてみればよいでしょう。たとえば第5章の冒頭の段落で指摘される「先祖と同時代人の両方を包含する相互の負い目の巨大なネットワーク」は目標の一つを示唆しており、「高い地位を重んじること」だけを目指すことから生じる不均衡を是正する役割を担うものがあり得ると知れます。未知の事柄を研究対象とするについては、こういうことにも抜かりがあってはなりません。

(6) 階層制度

日本人の「身分重くして貴き者」の地位を求めようとする態度に関連してベネディクトが言ったことを見ておきましょう。彼女が『学問のすすめ』を読んだかどうかは分かりませんが、多数の資料を見るうちに上で言ったようなことに気付いたのでしょう。『菊と刀』の第３章「各々其の所を得」の冒頭で次のように言いました。

> Any attempt to understand the Japanese must begin with their version of what it means to 'take one's proper station.' Their reliance upon order and hierarchy and our faith in freedom and equality are poles apart and it is hard for us to give hierarchy its just due as a possible social mechanism. Japan's confidence in hierarchy is basic in her whole notion of man's relation to his fellow man and of man's relation to the State and it is only by describing some of their national institutions like the family, the State, religious and economic life that it is possible for us to understand their view of life.[1]
>
> 日本人を理解しようとするならば、必ず、真っ先に、「所を得る」ということが何を意味するかについての彼らの解釈に手をつけるべきである。秩序と階層制度に対する彼らの信頼と、われわれの信条が自由と平等に存することとは極端に隔たっており、われわれにとっては、階層制度が社会機構として存在し得るということの正当さを認めるのは難しい。日本が階層制度に確信を抱いていることは人とその仲間との関係とか人と国家との関係の観念の全体の根幹であり、われわれが

彼らの人生観を理解できるようになるためには、どうしても、たとえば家族とか、国とか、宗教生活、経済生活といった彼らの国民的組織を記述しなければならない。

注意しておきたいことがあります。広く知られている訳本の中には 'it is hard for us to give hierarchy its just due as a possible social mechanism.' を「われわれは階層制度を一つの可能な社会機構として正しく理解することは困難である」としたものがありますが、これは誤訳です。理解することと、正当さを認めることとは同じではありません。そういう問題の本当の難しさは、理解できるかどうかということよりもむしろ正当さを認めることができるかできないかということの方にあるのです。異なった文化はそれぞれ別個の論理の体系を持っており、一方の論理に照らして他方を見るとしばしば明白な間違いがあるように見えますが、それはお互いさまで、一方が絶対に正当であり他方が絶対に不当であるということは誰も断言できません。どの文化の中にもまじめに思考する人は必ず居り、複数の文化の間でそういう人たちの主張が食い違ったとしても両方とも正当としか言えないのがむしろ常態です。言い換えると、普遍的な真理というものがこの世には存在しないと考えるしかありません。本当の難しさはそこにあるのです。

それからもう一つ付け加えておきます。先ほど第２章２節４項で筆者は福沢が「学問を勤て物事をよく知る者」と「無学なる者」の区別を指標として新しい身分制度を立てようとしたことと、それが今に続く学歴社会のもとになったと言いましたが、今ではそれがすっかり社会に定着してしまいました。それについて今少し詳しく述べたいのですが、それは別の節――この第２章の７節「日本の機械製造現場の人々」――で行うことにします。

＊注：(1) Benedict (1954) p.43.

3. 松平忠直

殿様といえども恥の文化に反する生き方は許されない

(1) 主人公の人柄

小説『忠直卿行状記』は菊池寛（1888－1948）の出世作で、1918（大正7）年に雑誌『中央公論』に発表されました。ここでは「青空文庫」に掲げられた文によって考察をいたします。

松平忠直は徳川家康の孫で、越前の福井に居城を持つ大名です。大阪夏の陣の時の彼の心状と、それを育んだ環境とを簡潔に描写した文がその小説の導入部にあります。

越前少将忠直卿は、二十一になったばかりの大将であった。父の秀康卿（ひでやすきょう）が慶長十二年閏四月に薨（こう）ぜられた時、わずか十三歳で、六十七万石の大封を継がれて以来、今までこの世の中に、自分の意志よりも、もっと強力な意志が存在していることを、まったく知らない大将であった。

生れたままの、自分の意志――というよりも我意を、高山の頂に生いたった杉の木のように矗々（ちくちく）と沖（ひひ）らしている[1]大将であった。…（中略）…家老たちは、今までにその幼主の意志を絶対のものにする癖がついていた。

その忠直がある日作戦上の一つの失敗をし、苦戦している味方に援軍を送る機会を逸しました。家康は忠直の家老を呼びつけて厳しく叱責しました。このことを聞いた忠直は激しく興奮し、翌日は軍令違反に近い猪突猛進をして、真田幸村の首を取ったばかりか大阪城一番乗りを果たしました。家康はこれを高く評価し、諸将が列座している中で最高の賛辞を与えました。失敗は跡形も無く拭い去られ、武将としてこの上ない栄誉が彼のものになりました。

その頃の忠直は、武芸であれ、また囲碁、将棋等の遊びごとであれ、何につけても藩中の誰にも負けないという自信を持っていました。しかしそれは決して彼と対等の立場ではない家臣との比較であって、自分が真に秀でた人間であることの証拠としては不十分でした。それにひきかえ大阪夏の陣での戦功は、伊達、前田、黒田等々といった錚々たる武将の間にあってひときわ優れたもので、従来とは比較にならない強固な自信の根拠になりました。

ここでお断りしておきますが本節で話題にする忠直という人物は、「恥の文化の中に生きた人々」の１人ではありますが、必しも恥の文化に染まっていたとは言い難いところがあります。その点でこの章に登場する他の人たちの多数（『羅生門』の下人、福沢諭吉、おはん等）と違った印象を持たれるでしょうが、彼の周囲に彼の意に反して起こる諸々の事柄が恥の文化という一つの文化の型がもたらすサンクションの好例を見せているので採りあげたのです。ご了承ください。

＊注：(1) そびえ立ちながらむなしい有様。

(2) 蟻（アリ）の穴

戦後いくばくかの時日を経たある夜、忠直の自信を破壊する出来事が起こりました。その日の昼間に行われた槍術の大試合で彼は、藩中随一の槍の使い手と言われている人物を含む５人の相手を次々に倒したのでした。彼の自信はいやがうえにも強固になりました。日が暮れてから行われた酒宴が半ばを過ぎたとき、その席から離れて庭の四阿（あずまや）で休憩していると、それとは知らずに近づいてきた２人の侍のひそひそ話が耳に入りました。聞くともなく聞いていると、それは昼間試合をした相手であることが分かりました。その１人（大島左太夫）が殿様の実力をどう思うかと質問したのに対してもう１人（小野田右近）が「さればじゃのう！　いかい御上達じゃ」と言ってから、少し間を置いて「以前ほど、勝ちをお譲りいたすのに、骨が折れなくなったわ」と付け加えたのです。この一言が韓非子の言う「蟻の一穴」のような役割を演じ、大きい災いがもたらされました。

小姓が機転をきかせたので忠直は立ち話をした２人と顔を合わさずに済みましたが、彼の心は深く傷付きました。そのとき彼の心の中に起こったことは次のように表現されています。

> 忠直卿は、生れて初めて、土足をもって頭上から踏み躙（にじ）られたような心持がした。彼の唇はブルブルと顫（ふる）え、惣（そう）身の血潮が煮えくり返って、ぐんぐん頭へ逆上するように思った。
>
> 右近の一言によって、彼は今まで自分が立っておった人間として最高の脚台から、引きずり下ろされて地上へ投げ出されたような、名状し難い衝動（ショック）を受けた。
>
> それは、確かに激怒に近い感情であった。しかし、心の中で有り余った力が外にはみ出したような激怒とは、まったく違ったものであった。その激怒は、外面はさかんに燃え狂っているものの、中核のところには、癒しがたい淋しさの空虚が忽然と作られている激怒であった。彼は世の中が急に頼りなくなったような、今までのすべての生活、自分の持っていたすべての誇りが、ことごとく偽りの土台の上に立っていたことに気がついたような淋しさに、ひしひしと襲われていた。

忠直は、幼い頃の遊戯でも、手習でも、長じてからの武芸でも、真実心の底から打ち込んで誰よりも優れたものになろうと努力し、近習たちをしのぐ成績を挙げてきました。彼の相手をする者が皆手加減をしたというわけではなかったかもしれません。彼は実際に優れた素質を持ち、努力も重ねて高い水準に達していたとも考えられるのですが、右近の一言はそれらの評価のうちに不純なものが混じっていたことを暴き出し、すべてがむなしいものと化してしまったのです。そして一度そういう考えに陥ると、大阪の陣での戦功までが家康に操られて踊った道化踊りのようにさえ思われてくるのでした。彼はそういう現実と妥協することができず、あくまで真実を追求しようとしました。

忠直は翌日再び槍術大試合を開き、自分と大島左太夫との手合わせの番がまわってくると真槍試合を挑み、「主と思うに及ばぬ。隙があらば遠慮いたさずに突け！」と言い放ちました。ところが事は彼の思惑のとおりには運びませんでした。

忠直卿は、自分の本当の力量を如実にさえ知ることができれば、思い残すことはないとさえ、思い込んでいた。従って国主という自覚もなく、相手が臣下であるという考えもなく、ただ勇気凛然（りんぜん）として立ち向われた。

が、左太夫は、最初から覚悟をきめていた。三合ばかり槍を合すと、彼は忠直卿の槍を左の高股に受けて、どうと地響き打たせて、のけ様に倒れた。

…（中略）…

が、忠直卿の心には、勝利の快感は少しもなかった。左太夫の負けが、昨日と同じく意識しての負けであることが、まざまざと分かったので、忠直卿の心は昨夜にもまして淋しかった。左太夫めは、命を賭してまで、偽りの勝利を主君にくらわせているのだと思うと、忠直卿の心の焦躁と淋しさと頼りなさは、さらに底深く植えつけられた。忠直卿は、自分の身を危険に置いても、臣下の身体を犠牲にしても、なお本当のことが知りがたい自分の身を恨んだ。

左太夫に続いて小野田右近が忠直の前に立ちましたが、左太夫のときと、細部は違うものの実質的には同じ経過を見て同じ結果に至りました。

そしてその夜、左太夫と右近は申し合わせたように腹を切りました。

(3) すべてが虚偽に見える苦悩

小説は次のように続きます。

忠直卿は、つくづく考えた。自分と彼らとの間には、虚偽の膜がかかっている。その膜を、その偽りの膜を彼らは必死になって支えているのだ。その偽りは、浮ついた偽りでなく、必死の懸命の偽りである。忠直卿は、今日真槍をもって、その偽りの膜を必死になって突き破ろうとしたのだが、その破れは、彼らの血によってたちまち修繕されてしまった。自分と家来との間には、依然としてその膜がかかっている。その膜の向うでは、人間が人間らしく本当に交際（つきあ）っている。が、彼らが一旦自分に向うとなると、皆その膜を頭から被（かぶ）っている。忠直卿は自分一人、膜のこちらに取り残されていることを思い出すと、苛々（いらいら）した淋しさが猛然として自分の心身を襲って来るのをおぼえた。

それ以後忠直の生活も、政務も荒（すさ）みました。武術の稽古からは遠ざかり、些細なことで家臣に辛くあたって時にはその者を自害に追い込み、酒におぼれ、飢饉で領民が困苦を極めても家老たちの年貢軽減の進言を一蹴するというように、何から何まで人を信じない態度を露骨に表しました。そしてそのうちに女性を愛することさえ疎ましく思うようになりました。

考えてみると、忠直卿は恋愛の代用としても服従を受け、友情の代りにも服従を受け、親切の代りにも服従を受けていた。無論、その中には人情から動いている本当の恋愛もあり、友情もあり、純な親切もあったかも知れなかった。が、忠直卿の今の心持から見れば、それが混沌として、一様に服従の二字によって掩（おお）われて見える。

遂に彼は、たとえ激しい怨恨であろうとも人間の心の底からこみ上げるものに触れたいと願うようになり、家臣の娘を後房へ連れて来させたり、果ては人妻を呼び出して何日も返さなかったりということまでしました。忠直はそうすることによって積極的に恨みを買おうとしたのです。しかし未婚の女の場合にはすべて忍従の態度をもって応じられました。それでも人妻の場合にはやや事情が違いました。妻を奪われた３人の侍のうち２人は、君臣の義もこれまでと思ったらしく、間もなく切腹しました。浅水与四郎という侍だけは数日間腹を切らずに居ましたが、そのうち登城して殿にお目通りを願いたいと近習に申し出ました。近習は躊躇しましたが、結局取次ぎ、忠直は目通りを許しました。平伏していた与四郎は、顔を上げるや恨みの言葉を叫んで忠直に飛びかかっていきました。その手には匕首が光っていましたが、忠直はすぐに相手の利き腕を取ってねじ伏せました。そして「与四郎！　さすがに其方は武士じゃのう」と言いながら手を離しました。与四郎はそのまま平伏しました。

その直後の忠直の心情はこう言い表されています。

> 忠直卿は、与四郎の反抗によって、二重の歓びを得ていた。一つは、一個の人間として、他人から恨まれ殺されんとすることによって、初めて自分も人間の世界へ一歩踏み入れることが許されたように覚えたことである。もう一つは、家中において、打物取っては俊捷第一の噂ある与四郎が必死の匕首を、物の見事に取り押えたことであった。この勝負に、嘘や佯があろうとは思えなかった。彼は、久し振りに勝利の快感を、なんの疑惑なしに、楽しむことができた。忠直卿は、この頃から胸のうちに腐りついている鬱懐の一端が解け始めて、明かな光明を見たように思われた。

与四郎はすぐに処刑してほしいと嘆願しましたが、何の咎めもなく帰宅させられました。そして与四郎の妻も即刻帰宅を許されました。

しかしながら忠直は、その翌日にはまた苦い思いを噛み締めねばなりませんでした。与四郎夫妻がともに自害したのです。こうなると与四郎が飛び掛ってきたのは、もしかすると処刑されるための演技だったのかもしれないということになります。そうであれば、忠直が与四郎の利き腕を取ってねじ伏せたのも、例の槍術試合と同じで、実力の発揮とは言えないことになります。結局忠直は、前より深い絶望的な気持ちに陥っていきました。そして乱行はますます激しくなり、それがために無辜の領民が多数命を失いました。

その乱行は幕府に知れましたが、家康の孫の所業ということで強硬手段は控えられました。忠直は生母によって説得されたという形で改易を受け入れ、豊後へ流されることになりました。その途中で出家した彼はようやく精神の平衡を取り戻し、余生を平穏に過ごしたということです。

(4) 己に忠実であるとはどういうことか

以上が小説『忠直卿行状記』のあらすじです。それは史実そのものではなく、いくつかの点でフィクションです。それでも『菊と刀』の視点からこれを見ると主人公を取り巻く人々の行動には明瞭な日本人らしさが認められます。そしてその中で主人公が社会に同化できずに悩み、悲劇を生み出して行った過程は十分納得できます。

筆者は今「『菊と刀』の視点からこれを見ると…」と言いましたが、実はすでに第２章１節２項でご覧にいれた 'But the Japanese ask …' で始まる段落を念頭に置いているのです。家臣たちも、その家族も皆「個人的な喜び」に錠を下ろしてひたすら主君に服従しました。それは「自分自身に大きい負担を課する」行為ですが、藩内すべての人々が期待したことでした。忠直自身は別のことを期待していましたが、それは殿様にはふさわしくないことでした。日本中のどの殿様にせよ、武芸あるいは遊芸で師範を超える実力を持つ人物はめったにいません。稀に有能な殿様が居ても、それが真に日本人らしい人であれば家臣が皆個人的な喜びに錠を下ろしていることに気が付いたときにはそれに合わせて自分の個人的な喜びにも制限を設け、公衆の面前で師範の面目を打ち砕いて恥をかかせるようなことはしません。この意味で忠直にはいささか日本人らしくないところがあったのです。それは、彼があくまで真実を追求しようとしたところに現れています。'But the Japanese ask …' で始まる引用文中に「自分自身に敬意を持つ（自重する）人たちは、〈善〉か〈悪〉かに従ってではなく、〈期待される人〉か〈期待されない人〉かによって進路を定め、自身の個人的要求は集合的〈期待〉の中に埋没させる」という文がありますが、忠直はこれができませんでした。つまり彼はこの点で日本人らしくなかったので失敗したのです。

忠直の人生観は恥の文化よりむしろ罪の文化の色合いの濃いものと言うことができます。すなわち彼は自分が価値ありと信じるものを追求し、他人の思惑を斥ける態度を貫こうとしました。これを「己に忠実であった」と言うこともできますが、それは罪の文化の生き方です。日本人の中にもそういう生き方をする人が少数ながら居るのです。そしてそういう人たちはたいてい社会的には失敗者として惨めな末路をたどるか、あるいは国外に流出します。忠直の場合は家康の孫という高貴な血統のおかげで失脚しても命まで失うことはありませんでしたが、自分の理想を貫くことはできませんでした。

ここでもう一度 'But the Japanese ask …' で始まる段落を見ましょう。終わりに近いところに the collective 'expectation' という句がありますね。これは家臣たちの思考と行動を説明するのに打ってつけの言葉です。このことからも分かるように、集団としての日本人が何によって動くのかを言い表すのにこれほど適切な言葉はありません。筆者はこういう言葉を使ったベネディクトを尊敬します。それが collective unconsciousness（集合的無意識）という学術用語をちょっともじったものにすぎないとしても、集団の各成員が共有する self（自己）というものをユング心理学の立場からしっかり見据えることのできる人でなければ、それが広い適用範囲を持つことに自信をもって日本文化の型を説く基本的な書物に掲げることはあるまいと思われます。

話を本筋に戻しましょう。己に忠実であるということは、現代日本の学校教育では価値あることとして教えられています。しかしその教育が果たして日本文化の型と整合するものであるかどうかはまだ十分に検討されていません。このためにそれは多くの場合、建前として、試験の答案だけで通用する価値にとどまっています。日本では、人々の本音はむしろ「期待される人」であるために進路を定めることを良しとします。これは道徳の基本にかかわる矛盾ですが、単純にどちらか一方を正とし、他方を邪とするのは短慮です。筆者は次の節で小説『おはん』を採りあげますが、そのヒロインおはんの生き方はまったくのところ「期待される人」としての行動に終始しており、それが日本人読者には大きい感銘を与えます。だからと言って彼女が己に忠実でない行動をしていたわけではありません。己に忠実であることがすなわち「期待される人」としての行動でもあるのです。こういうことを西洋哲学を信じる人に説明させれば弁証法だの、止揚だのと難しいことを言い出すかもしれませんが、そんなことを言うより現実をしっかり見据えることが肝心だと思います。『おはん』はフィクションですが、日本ではかつて松下幸之助という実在の人物が「期待される人」であろうと努力しながら大きい事業を成し遂げたという実例があります。このことについては次々節で詳しく述べます。

4. おはん

日本文化の型を絵に描いたような女性

(1) 小説の由来と主要登場人物

小説『おはん』は、宇野千代（1897－1996）が約８年にわたって構想を練ったうえで雑誌に掲載されたのち1957年に中央公論社から単行本として刊行されました。それは発売直後から大好評を博し、映画、テレビドラマ、舞台劇等にも脚色されて多くの日本人に親しまれただけでなく、ドナルド・キーンによって英語に訳され、アメリカとイギリスでも発売されました。

その小説の主要登場人物は男１人と女２人で、物語は終始その男の語りとして展開されます。男はもっぱら「私」という代名詞で指されていますが、冒頭の自己紹介で「私はもと、河原町の加納屋と申す紺屋の伜でござります」と言っています。以下では「私」と、かぎ括弧つきでその人物を表記します。その紺屋はすでに破綻して、物語の始まった時には「私」は他人の家の軒先を借りて細々と古手屋（古物商）を営んでいました。そして女のうちの１人が題名になっているおはんで、「私」の本妻です。もう１人の女の名は「おかよ」といい、小規模な芸者屋の女将です。「私」は、７年前におかよと浮気をし、それがおはんの親兄弟に知れたために不本意ながら夫婦別れさせられました。それからまもなく紺屋は破綻し、彼はおかよと同棲して男めかけの暮らしに陥りました。おはんは実家に連れ戻されてから「私」の子を生みました。その子の名は悟と言い、１年余にわたる出来事を述べた物語のはじめのときには小学校の１年生でした。時代は、中国地方の小都市に電灯が普及するより少し前の頃です。たぶん明治の末か大正の初期でしょう。

(2) ここで注目される行動の型

『おはん』の分析に入る前に、『菊と刀』の第11章にある一つの叙述を見ておきましょう。

> They argue that a good man should not think of what he does for others as frustrating to himself. 'When we do the things you call self-sacrifice,' a Japanese said to me, 'it is because we wish to give or because it is good to give. We are not sorry for ourselves. No matter how many things we actually give up for others, we do not think that this giving elevates us spiritually or that we should be "rewarded" for it.' A people who have organized their lives around such elaborate reciprocal obligations as the Japanese naturally find self-sacrifice irrelevant. They push themselves to the limit to fulfil extreme obligations, but the traditional sanction of reciprocity prevents them from feeling the self-pity and self-righteousness that arises so easily in more individualistic and competitive countries.(1)

彼らは、善良な人は他者のために何かをするときに自分を駄目にしているなどと思うはずがないと主張する。ある日本人が私にこう言った。「私たちがあなたがたの言う自己犠牲ということをするときには、与えたいと思うから、あるいは与えるのが良いからしているのです。私たちは不本意なことをするのではありません。私たちが実際にどれほど多くのものを他者のために手離したとしても、それが私たちを精神的に高めるとも、それに対して『報い』をされるべきだとも思いません」。日本人のように精巧な相互的責務を生活の周囲に構築した人々が自己犠牲を取るに足らぬことと見るのは当然である。彼らは極端な責務を果たすために限界まで自分自身を追い詰めるが、互恵主義的交換の伝統的なサンクションがあるので彼らは自己憐愍の感覚を持たないし、また個人主義的かつ競争的な国でよくあるような独善性に陥ることもない。

『おはん』で最も注目されるのは、主人公の生き方がこの引用文に示された日本人の特徴的な行動の型を申し分なく具備している点です。彼女が日本女性の理想像の一つと考えられるのはこのためです。その小説の良さは、このことを完璧に表現しているところにあります。作者はそれを表現するに当たって一方に自堕落そのものと言うべき「私」の生き方を配し、また他方には「私」とは別の意味で上述の特色から外れているおかよの生き方を置きました。その三者のコントラストが読者の心に深い感銘を呼び起こします。これが美しい文章と相まってその小説を名作たらしめているのです。でも、最初からこんなことを言っても説明にも何にもなりません。だんだん詳しい話をしていくうちにお分かりいただけるかと思います。

＊注：(1) Benedict (1954) pp.232-233.

(3) 自尊心さえ保てない「私」の行動

ある夏の夜、ふとしたきっかけで「私」は人けのない裏通りでおはんと７年ぶりに言葉を交わしました。そしておはんが「私」を慕い続けて、悟を育てながら貞節を尽くしてきたことを知りました。それを聞いて「……もう恋しうてならん女と無理無体に仲せかれてでもおりますやうな、をかしげな心持になったのでござります」[1]という心情になったところから話が展開していきます。その時には、「私」はおはんと撚をもどそうなどとは考えていませんでした。おはんの親や親類に顔向けできないことは重々承知していましたが、彼女にだけは悪く思われたくないと考えたにすぎません。それで、自分が店を出している所へ尋ねてくるように言っただけで別れました。ところが実際におはんがそこに尋ねていくと、２人が当初考えていたのとは違ったことが起こりました。それについては後でもう一度触れますが、原作には無い俗な言い方をお許し願って言えば、焼け棒杭に火がついたのです。

その出来事があってから、「私」は、もう一度おはんと所帯を持って親子３人水入らずで暮らす決心をしました。しかしそこには「私」の優柔不断という大きい障害がありました。７年間の関係を清算しようとおかよに向かって言い出せず、そのままの生活をさらに１年ほどずるずると続けていったのです。その間にあったことですが、「私」のそんな心を露知らぬおかよは無尽講が満期になるのを機会に、自宅の増築を企てました。あまりにも手狭な住まいで、芸妓２人と共に生活しながら「七年も一しょにゐて、ただの一晩かて、気を許して寝たことない」(2)という状態を解消し、たとえ四畳半一間でも誰にも侵される心配のない空間を作って「私」との夫婦生活を楽しみたいと考えたのです。そう分かっていながら、言うべきことを口に出せないわが身のふがいなさを自覚している様(さま)がこう書かれています。

ほんにいうたら私ほど、犬畜生の姿して生きてるものがござりませうか。私は何も彼も知つての上で、そんで、知らん振りしてたのでござります。おかよのことでござりますけに、明日が日にも大工呼うで、仕事はじめるに違ひないのでござります。一しよに住まうといふ気はさらさらない、二人のための二階座敷が、明日が日にもこの家(や)の上に建ちはじまるといひますのに、朝に晩に、その大工の鉋(かんな)の音ききながら、私は知らんふりして、このままここにゐてようといふのでござります。

どうぞお笑ひなされて下さりませ。へい。女に銭(ぜに)もらうて、その日の口濡らしてゐる男の、それが性根やと、お笑ひなされましても不足には思ひませぬ。(3)

ここには第２章１節２項で見たBut the Japanese ask…に始まる段落

で The few who violate this pattern（この行動の型を捻じ曲げる少数の人たち）と言われたものの一例がはっきりと認められます。「私」の浮気は個人的な楽しみの一つです。それは、おはんとの結婚生活という人生の重大事を侵してはならないものです。それゆえおかよとはきっぱり手を切るのが正しい途ですが、おかよ１人の期待を裏切ることができずに、おはんとその親や親戚の期待を踏みにじってぐずぐずしているのは、結果としては日本人の社会で正常とされている行動の型を逸脱しているのです。そして「私」は自尊心を失いました。

＊注：(1) 宇野千代『おはん』新潮文庫（1965）p.7.
(2) 同書 p.28.

(4) おかよの行動に表れたエゴイズム

「私」を自分のものにしたおかよの生き方は、まったくドライでした。物語の早い段階で、夕食のときにこんな会話があったことが述べられています。

「かうして差しむかひで飯くうてて、お前、なんともないかいな。ひとの女房のけて一しよになったのやけに、ときには済まんと思ふこともあるやろ」とある晩のこと私は、おかよにきいたことがござりまする。

半分は酒の機嫌もござりましたが、まアいうたら、わが心ひとつにつつんでおくのが切なうて、思はず口にでたのでござります。するとおかよは、「何でもない。暇とつて往(い)んだ人が損したのや」と、しん底、何でもないことのやうにいふのでござります。[1]

ところがずっと後になって事情が急変すると、少なからぬ精神的動揺を露わにしました。それは「私」の次の言葉で言い表されています。なお「あの騒ぎ」というのは悟が川に転落して死亡したことと、それに関連して起こった、おはんの親類による私への暴力行為のことです。

　へい、あの家でござりますか。あの騒ぎがござりましてから、おかよはもう、気の狂うたよになりましてなア、「ひとに男をとられるのは、とられる方が阿呆なのや、とられるのがいややったら、なんで用心せなんだのや、」というたりして、以前にさうでござりましたよりも、なほのこと、私の起伏しの細かしいことにかかずらひましてなア、そりやあの女(おなご)のことでござりますけに、顔向け合うて彼れ此れと、うつたうしうに言うたりはいたしませねど、日暮れになって、どこの店でも灯がついて、あちこちでカチカチと火打石うつてる音がしましても、いつまでも二階の座敷にゐてるままでございましてなア、「ご寮人はん、半月庵から見えましたで。鉄砲小路の釘方の宴会やて、」と呼うだりする声がしましても、なにやら忙しげにもの片付けたりしてるまま、「言うとくれ、あてはもう、芸者(げいこ)やめましたて、」と大声にいうたりするのでござりました。(2)

　そして、おはんが一通の手紙を残してどこか遠くへ行ってしまった後にも、おかよは「男のいらんおひとは、どこの国なと行たらええ。あては男がいるのや。男がほしいのや」とはばかりなく言って「私」に寄り添いました。

　おかよにとっては、「私」という男を確保することこそが人生の重大事だったのです。せっせと働いたのはそのためでした。それが脅かされると、経済的損失をもかえりみずにその重大事を守ろうとしました。そんなことをしていたら早晩世人に見限られるということに気が付かないはずはないのですが、あえてそうしました。しかしそのうちおはんが身を引いたので致命傷に至らずにすんだのです。

　おかよのこの行動は多くの日本人に好まれるものではありません。だからこの小説では彼女は悪役です。

＊注：(1) 宇野（既出）pp.11-12.
(2) 同書、pp.97-98.

(5) おはんの日本人らしい行動

おはんは自分を前面に出すことを決してせず、常に自分の周囲の人たちに気を配りました。「私」とのよりが戻ったときでさえそうでした。おはんが初めて訪ねてきたとき、「私」が店を出している家の主人が不在だったので奥の部屋を使うことができました。その対座の当初には、「私」はもう一度おはんの体に指を触れようなどとは夢にも思わなかったのに、茶筒を取ろうとした「私」の手と、茶碗を取ろうとしたおはんの手が偶然触れ合った瞬間に異常な気持ちになりました。それから起こったことは巧みな筆致で書かれていますが、要は「わが身も女の身の上も、もうめちやくちやに谷底へつきおとしてしまひたいといふやうな、阿呆な心になったのでござります」[1]ということです。そしてその激しい行為の直後のおはんの態度はこうでした。

おはんはながい間そこの屏風の蔭で慄へてをりました。「こないなことして、また、あんたはんの家庭をめぐ（こはすの意）かと思ふと、それが恐ろしうて、」ととぎれとぎれにいひながら、はらはらと泣いてゐるのでござります。[2]

こういう場合にさえ彼女は自分を中心に置きませんでした。何より先に考えたのは、自分の行為によって影響を受けるであろう人のことでした。その人が7年前の自分のような思いを噛み締めることになるかもしれないということが真っ先に懸念されたのです。

これはもう紛れもない恥の文化的告白です。本書序章の末尾に掲げた

「意訳」をもう一度見てください。上で見たおはんの言葉が「自分が善いと思うことをすれば他人もそれを善いと認めるからする」という命題の対偶「他人が善いと認めないことは自分もしない」におおむね一致しています。違いがあるとしても「しない」という断定の代わりに「恐ろしうて」という感覚的表現がなされているという点だけです。長年にわたって貞節を守りながら慕い続けてきた夫との久しぶりの房事の直後に出た最初の発言がこういうものだということは、彼女のパーソナリティが根底から恥の文化的であったことを暗示しています。彼女は決して己を偽ってはいなかったに違いありません。

「私」は、それを聞くなり打ち消しました。

「何いうてる。お前と俺とは子まででけてる仲やないか。今さら恐ろしいて、何のことがあるかい？」と私はわざと声を荒うして申しました。そのやうなこというて、それが何の役に立つものか私にも分かりませぬ。

「そやないか、人は何というてようと、お前は俺の女房や。俺はその気でゐる。」と私は申しました。へい。私はさう申しました。罪深いことというてると思へば思ふほど、なほいうてやりたいのでござります。昼間とも分からんやうな暗い家の中でござりますので、おはんのそのぽってりした体を抱いてます中に、なほのこと愚かな心がつのりましてなア、もう身も心ももみくちゃに打ちくだいてやりたいと思ふばかりでござりました。(3)

「人は何というてようと、……」というくだりに注意しましょう。いくら「子まででけてる仲」でも、7年もの間おはんと悟を打ち棄ててかえりみず、現におかよと同棲している者を世人は夫とは認めないでしょう。それを知りながらこんなことを言ったのは、おはんに対する愛を告白したかったからに違いありません。この愛の告白はおはんを強く「私」

に引き付けました。それからは、10日とあけずにおはんが「私」の店にやってきました。もちろん、人目を忍んでのことです。

ある日偶然、悟が「私」の店に立ち寄りました。「私」はそれがわが子であることに気付きましたが、悟にとって「私」は古手屋のおっさんにすぎませんでした。それでも悟は「私」を好きになったようでした。それを見ると、親子3人一緒に暮らしたいという願望が抑えきれなくなりました。町はずれに小さい家を借りることができたので、家財道具を持ちこみ、おはんもそこに入って「私」が移り住むばかりになったのに、それでも「私」はまだおかよに打ち明けられず、風雨の強い一夜を従来どおりおかよとともに過ごしました。翌日新居に戻ってみると、近所の人から変事を知らされました。激しい風雨の中で悟が新居に通じる道路から川に転落して死んだのです。遺体はおはんの実家に運ばれました。半狂乱でそこに駆け付けた「私」は、おはんの親類の者にめった打ちにされたあげく危うく刃傷に及ぼうとされて、ほうほうの体でおかよの家に逃げ帰りました。

それを知ったおかよの態度は前項で述べたとおりです。おはんにもう一度会いたいと思ってもかなわぬことでした。悟の四十九日が過ぎたある日、おはんの手紙を持った人がこっそりとやって来ました。そこにはこう書いてありました。

とり急ぎ、しるしあげます。千里万里も行くやうな、こなな文(ふみ)書き残したりいたしましては、さだめし仰山さうな女(をなご)やとおわらひなされるでござりませう。

もう、ずうつとせんどにから、私ひとり決心してをりましたらば、何ごともござりませなんだやろにと思ひますと、あなたさまにも、またあのおひとにも、申訳のないは私でござります。

ほんにこれまでのながい間、待ち暮してをりましたは、なんでやろとわが心にも合点がまゐりませぬなれど、あなたさまに難儀かけ、またあのおひとを押しのけようと思うたりいたしましたことの夢々ござりませぬは、お大師さまもご照覧でござります。

もし私がこのままでゐてまして、そんで世間のお人の眼に立つのでござりましたら、どこぞ嫁入りいたしましてもええのでござりますけれど、それでも間のええことに、もうそななこと考へいでもええ齢（とし）になってるのやないか、と思うたりしましてなァ。

ほんにもう私は、このままひとりでゐてましても、それが当り前や思うてるのでござります。自分でにはもうそれで、何でもないと思うてるのでござりますけれど、おやさしいあなたさまゆゑ、ひょっと、可哀さうやとお思ひなされてではないやろか、ながい一生の間、あなたさまを待ち暮してた、可哀さうな女やとお思ひなされてではないやろか、と思ひますけれど、もしさうでござりましたら、それはあなたさまのお間違ひでござります。

思へばこの私ほど、仕合せのよいものはないやろと思うてるのでござります。あなたさまと一つ家の中に暮しはいたしませなんでも、言うたら夫婦（めをと）になつて、一しょにゐてますよりもなほのこと、あなたさまにいとしいと思はれてたのやないかと思ひましてなァ。

ほんに私ほど仕合せのよいものはないやろと思うてますのゆゑ、どうぞ何ごとも案じて下さりますな。

亡（な）うなりましたあの子供も、死んで両親（ふたおや）の切ない心を拭（のご）うてしもてくれたのや思うてますのでござります。子供にとりましたら、何よりもそれが親孝行や思うてるのやないかと、さう思うてやつてるのでござります。

ほんに、さう思うてやりますのが、何よりの供養になるよに思はれましてなア。

何ごともみな、さきの世の約束ごとでござりますけに、どうぞ案じて下されますな。七七忌の法事もすみましたことゆゑ、いまはもう、この故里の家をはなれましてもええやうに思ひましてなア。どこぞこと行くさきのあては申しあげませねど、私ひとり朝夕の口すぎして行きますくらゐ、何とかなるよに思ひますげに、どうぞ案じて下さりますな。

ただこの際になりましても、申訳ないはあのお人へのことでござります。私の行きましたあとは、どうぞ私の分まで合せて、いとしがっておあげなされて下さりませ。申しあげたきことは海山ござりますけれど、心せくままに筆をおきます。薄着して、風邪などお引き下されますな。

おはんより

旦那さままゐる[4]

ここに表れているのは、徹頭徹尾「自己の個人的要求を棄てる」態度です。それは、決して何者か（人間であろうと、神様であろうと、はたまた悪魔であろうと）に迫られてではなく、まったくの自己責任においてなされました。念のために言っておきますが、この自己責任というのは日本文化の型の一つで、刀で象徴されるものです。[5]

＊注：(1) 宇野（前出）p.15.
(2) 同上。
(3) 同書、pp.15-16.
(4) 同書、pp.100-102.
(5) 森貞彦『「菊と刀」の読み方 − 未来の文明のために』東京図書出版（2015）p.241.

(6) 文化の型が違えば「自由」も違う

ここで「自由」について考えてみましょう。ベネディクトは『菊と刀』の第12章でこんなことを言いました。

The Japanese have paid a high price for their way of life. They have denied themselves simple freedoms which Americans count upon as unquestioningly as the air they breathe. We must remember, now that the Japanese are looking to de-mok-ra-sie since their defeat, how intoxicating it can be to them to act quite simply and innocently as one pleases.[(1)]

日本人は生きるすじ道のために高い代価を払ってきた。アメリカ人が空気を呼吸するのと同じくらい当たり前に思って頼りにしている単純な自由を日本人は自分から否定してきた。思い出してみよう、日本人が敗北してからデ・モク・ラ・シーに注目し、各自が望むとおりにまったく単純かつ無邪気に行動することがどれ程彼らを陶酔させたことか。

ここに言われている「自由」が何であるかが「アメリカ人が空気を呼吸するのと同じくらい当たり前に思って頼りにしている単純な」という形容節で明らかにされていることに注意してください。この形容節は単なる飾りではなく、広汎にわたる「自由」の概念から特定の部分を切り取っているのです。

『菊と刀』の中でベネディクトは言葉に対する厳しい見解を何度か示しました。感謝の表現に関する第5章での論述はたいそう印象的です。「ありがとう」と ‘thank you’ でさえ深く追究すると完全に同じとは言えません。また第10章での「まこと」と ‘sincerity’ に関する論述は比較文化の研究の厳しさを教えます。その他にもいくつかの例がありますが、それらを通じて言えることの一つは、いかなる言語のどの語も安易に他言語に訳してはならない、それは十分慎重でなければならないということです。まして ‘freedom’ ‘liberty’ あるいは「自由」という、文化と複雑な関係があると思われる言葉を不用意に訳することは厳に戒めなければなりません。上の英文では ‘freedom’ という語が一見無造作に用いられているように見えますが、ベネディクトはちゃんとその形容節で一定の限定をしました。それによって日本人が「自由」という言葉で言い表しているものと違う概念が意味されます。その違いをアメリカ人の側から見ると、日本人は「空気を呼吸するのと同じくらい当たり前」のことを自分から否定しているように見えるのです。アメリカの文化の型がそう見させているのです。ここで注意しなければならないのは、アメリカ人にそう見えたからといって、彼らの言う 'freedom' とか 'liberty' は決して無限に広がっているのでもなければ絶対的な価値を持っているわけでもないということです。現にベネディクトは、20 世紀のアメリカ人でありながら、学問の自由に対する迫害を避ける工夫をしなければなりませんでした。(2)

どこの社会の文化の型も無限大の自由とか絶対的価値のある自由などというものを認めはしません。そんなものを認めればその社会は長続きしません。そして自由の全然無い社会というものもありません。人間以前の動物でさえ何らかの自由を持っています。自由は生命の本質にかかわるものであり、同時に生命の限界にもかかわっているのです。

ベネディクトはいちいちそんなことを説明しませんでした。それは読者を混乱させないためと思われます。しかしここではそれに言及し、注意することが必要です。おはんという非常に日本人らしい女性が、どんな人間にも、神様にも、悪魔にも遮られず、それでいて自己責任において設けた限界の中にとどまる行動――これを「自由な行動」と言わずして何と言うべきでしょうか――をして我々に大きい感銘を与えたのです。そこにアメリカ人の信じる自由とは別種の「自由」が認められると言ってはならない理由があるとは考えられません。

筆者のこの考えに反論する人があり得ますので注意しておきます。本項のはじめに『菊と刀』から引用した文で言われた 'intoxicating'（陶酔させる）という語を誤解して日本人がアメリカ人の言う「自由」を無意識をも含む心底から喜んだと解釈して筆者の論述を否定しようとする人があるかもしれません。しかし intoxicate というのは決して人間の無意識に及ぶ心理状態を意味しないことに注意すべきです。ベネディクトが常に無意識に配慮しながら考察を進めたことは筆者がここまでに述べてきたことからご理解いただけると思いますが、それはややもすれば軽視されがちなことかもしれません。十分注意すべきことと思われます。

＊注：(1) Benedict（1954）p.294.
(2) 森貞彦『「菊と刀」の読み方 － 未来の文明のために』東京図書出版（2015）pp.3-6。
(3) 同書 pp.61-62。

(7) 西欧的「自由」と日本的「自由」

おはんが住み慣れた故郷を後にしたのは、前に言ったとおり、「決して何者か（人間であろうと、神様であろうと、はたまた悪魔であろうと）に迫られてではなく、まったくの自己責任において」なされたことです。そこに日本人に許された最大の意志の自由があったことは手紙を読めば分かります。「あなたさまに難儀かけ、またあのおひとを押しのけようと思うたりいたしましたことの夢々ござりませぬ」という言葉には嘘も偽りもありません。「私」を愛するがゆえに「私」が望むことを妨げないという態度です。そして「あなたさまと一つ家の中に暮しはいたしませなんでも、言うたら夫婦になつて、一しょにゐてますよりもなほのこと、あなたさまにいとしいと思はれてたのやないかと」考えるだけでも「この私ほど、仕合せのよいものはないやろと思う」のです。しかし「私がこのままでゐてまして、そんで世間のお人の眼に立つ」ということは避けなければなりません。そのためにはどこぞに嫁入りするということも考えられるけれども、もうそんな年齢ではなくなったから遠方へ行くというのです。

その手紙から恥の文化のサンクションを読み取ることは可能です。たとえば「世間のお人の眼に立つ」という句にそれが暗示されています。しかしそれを避けることは彼女にとって決して負担でも苦痛でもありませんでした。言い換えるとそれは彼女の意志の自由を少しも妨げませんでした。『菊と刀』を批判する人の中にこういうことがあり得るのを理解しない人が間々あるのは残念なことです。彼らはそこに一種のモラリティが存在することを見逃しています。

その手紙は本書の第2章4節2項に『菊と刀』から引用した文のうち 'They argue that …' で始まるものの趣旨を完全に具備しています。『おはん』は現代文学作品ですが、古典劇の中には同様の精神をもっと厳しく扱ったものがあります。

たとえば歌舞伎の『菅原伝授手習鑑』があります。その主人公松王丸は身分の低い舎人ですが、父親の代から菅原道真（劇中では菅丞相）の恩顧を蒙っていました。運命のいたずらで彼は道真の政敵、藤原時平に仕えることになりましたが、道真から受けた恩を深く感じ、時至れば身命を賭して恩返しをしようと心に誓っていました。政争に敗れた道真が西国に流されたのち、時平一派は都に残っていた彼の息子菅秀才の命を奪おうとしました。しかし彼らは秀才の顔を知らなかったので松王丸に確認をさせようとしました。恩人の子の危機を知った松王丸は、自分の一子小太郎を身代わりに立てて、その首を秀才であると偽証して恩人の子を守りました。

この物語は先ほど参照した段落で言われていることの厳しさを見せています。それによって私たちは、先ほどの引用文にあった「私たちは不本意なことをするのではありません」という日本人の言葉を確認できます。劇中の松王丸は首実検を終えて帰宅したとき、妻に向かって「女房喜べせがれはお役に立ったるぞ」と言いました。

筆者はこれを旧約聖書に登場するアブラハムの故事と比較してみたいと思います。アブラハムは神によって試練をされました。それは一子イサクを燔祭として捧げることを命じるものでした。アブラハムは神の命令に従う決心をして、イサクを連れて山に登り、燔祭の準備を整えてから息子の胸に刀を突き立てようとしました。その行為は決行寸前に神の使者によって阻止され、彼の信仰の固さを認めた神の祝福が下されて彼もイサクも長寿を全うしました。

意志の自由という点から見て、松王丸とアブラハムとのどちらが上位に立つでしょう。松王丸は誰からも、命令も、要求も、示唆もされませんでした。彼はまったくの自己責任で我が子を死地に送り込んだのです。これは神の命令に従ったアブラハムに比べて少しも遜色のない行動であり、意志の自由という点ではむしろ高く評価してもよいと言えます。

これに反発する見解があり得ることは承知しています。松王丸が我が子に対する情におぼれて秀才を見殺しにしたら、事情に通じた人々の指弾を受けねばなりません。それは大きく厳しい恥であり、それこそ親子３人は顔をあげて歩くことさえできなくなります。その厳しいサンクションが松王丸に非常手段を取らせたというのは間違った見解ではありません。ここでおはんの手紙が多数の日本人に深い感銘を与えるのが単にサンクションから逃れる心情を遥かに超えるモラリティがあるからだと言ってもよいことに注意しましょう。松王丸の行動にも、現代にはあり得ないことではありますが、同様のモラリティがあると言えます。

こういう類例が存在することは軽視できません。おはんも、松王丸も恥の文化が生み出したキャラクターです。それは恥の文化がない西欧には見られないものです。私たちは、それらの物語のバックボーンになっているモラリティを誇る理由こそあれ、恥じる理由はありません。

5．松下幸之助

経営の神様と恥の文化

(1) 経営の神様

松下幸之助（1894－1989）は松下電器産業㈱（現在のパナソニック㈱）の創業者として余りにも有名です。彼の生家は和歌山県の農家で、豪農とまでは行かないもののかなりの田畑を所有し、裕福な生活のできる家でした。ところが彼の父親が米相場に手を出して失敗したあげく全財産を失い、彼の尋常小学校の授業料や学用品代さえ事欠く貧窮に陥って、遂に大阪で商店の丁稚（でっち）として働かねばならなくなりました。それは1904年のことです。それから艱難辛苦を重ねたことはすでに多くの人々によって語られています。そして彼は、1960年代後半にはあるアンケート調査で「青少年の圧倒的な支持を受けている松下幸之助が第一位」[1]という存在になっていました。彼は大衆から大きい敬意を捧げられていたのですが、彼の名が1950年以後何度も全国長者番付のトップに掲げられたことがその敬意に貢献したことはおおいに考えられます。しかしそれだけでは十分な説明とはなりません。『菊と刀』の第4章に見られるように、日本人は成金に厳しい目を向けます。その厳しい視線を浴びていながらそれでも大衆の圧倒的な支持を受け、経営の神様とまで称揚されたということは、日本文化の型と申し分なく整合するものが彼に備わっていたことを暗示しています。以下でその暗示が事実に裏付けられていることを見ていきましょう。

＊注：(1) 中村寿雄『松下幸之助の世界』文研出版（1968）p.12-13

(2) 恥の文化との整合を示す逸話（その1）

彼は12歳のときから7年間ある自転車屋に奉公しましたが、次の話

はその頃にあったことです

店先で自転車の修繕をしていると、「幸吉（松下はそう呼ばれていた）ッとん、ちょっとタバコ買うて来てんか」と修繕待ちの客から頼まれることがある。すると、「へェ、よろしおま」と応えて、一町ほどさきにあるタバコ屋まで駈け出して行くのだが、そういうことが日に何回かある。その都度、油や泥で汚れた手を洗ってから行かなければならない。面倒でもあるし、時間の空費でもある。それでもはじめのうちはそういうことを繰り返していたが、或る時ふと思いついて、自分の給料で一箱ずつ買い溜めておいて、お客が「幸吉ッとん、タバコや」というと「へエ」と応えて渡すことにした。ところが、その頃の一箱にはタバコが二十コ這入っていて、一箱買うと一コおまけをつけてくれた。つまり、店のお客に二十コ売れば、一コ儲かる勘定になる。当時は敷島が十二銭、朝日が八銭だったから、両方が平均して売れたとすると、一コ十銭で、その五歩の五厘もうかることになる。月に大抵五、六十は売れたから、五十コとしても二十五銭もうかる。その頃の松下の給料は一円前後だったから、タバコの売り上げで給料の四分の一は儲かった。仕事の時間が助かるので主人はよろこぶ、客も便利がよい、こっちは面倒臭くないから、まさに一石三鳥というところであった。後年このことについて、松下は子供の頃から金儲けに聡かった、と雑誌に書かれたことについて、ほんとうはそうではなく、私がそんな風にしてタバコを売ったのは、手数と無駄な時間をはぶくことが第一の動機で、その結果としてそういう余剰を生み出すことになったまでである、と彼は抗議しているが、いずれにしても、多勢いる小僧の中で、松下一人がそういうことを考えついたところに、子供の頃から彼が決してぼんやりしていなかったという証左である。

けれど、このタバコ屋は、半年程でやめてしまった。五、六人いた小僧仲間がぶつくさ言ったからである。松下だけが金儲けをしている。

それが面白くない。癪にさわる。と言って、今さら自分たちが同じことをやるわけにもいかぬ。それで、面と向っては何も言わないが、蔭口をきく。それが主人の耳に入り、ある日、「幸吉ッとん、あれはええことやけど、もうやめとけ。丁稚同志が仲違いして困るから」と主人から言われたので、その日限り、このタバコ売りをやめてしまった。

松下はこの時、世の中はいいことをしても、周囲の理解がなければそれをながく続けることは出来ない。また、人に率先して何かをすると必ず抵抗があるものだということを悟ったと言っている。[(1)]

読者の中にはこの引用文中に「あれはええことやけど、もうやめとけ」という店主の言葉があることに注目された方があるでしょう。それは明らかに、小説『羅生門』を採りあげた第2章1節2項にある一つの引用文――'But the Japanese ask…' で始まる段落――の一部分と一致します。ベネディクトはそこで 'Those who do respect themselves (jicho) chart their course, not between 'good' and 'evil' but between 'expected man' and 'un-expected man,' and sink their own personal demands in the collective 'expectation."と言いました。店主の言葉はまさしくその段落にある the collective 'expectation' を言い表していると考えられます。松下はその店主の言葉が日本人の集団にとって大切なものだということを直ちに理解し、終生それを守りました。そして彼は第二次大戦後の日本の復興と高度経済成長に大きい貢献をしました。ベネディクトが「そういう人たちは、その家庭に、郷里に、そして国に名誉をもたらす人である」と発言したのは松下の大活躍以前のことですが、実に適切な指摘と言うほかありません。

＊注：(1) 神山誠『繁栄の指導者――松下幸之助という人物』林書店 (1966) pp.31-33。

(3) 恥の文化との整合を示す逸話（その２）

もう一つの逸話を見る前に『菊と刀』の第10章にある「まこと」の解説の締め括りにあたる段落に目を通しておきましょう。

Whatever the Japanese have tried to do to their code, it remains atomistic, and the principle of virtue remains that of balancing one play, in itself good, against another play which is also in itself good. It is as if they had set up their ethics like a bridge game. The good player is the one who accepts the rules and plays within them. He distinguishes himself from the bad player because of the fact that he is disciplined in his calculations and can follow other players' leads with full knowledge of what they mean under the rules of the game. He plays, as we say, according to Hoyle, and there are endless minutiae of which he must take account at every move. Contingencies that may come up are covered in the rules of the game and the score is agreed upon in advance. Good intentions, in the American sense, become irrelevancies.(1)

日本人が自分たちの道徳律を変えようとしてもどうしても原子論的なものになってしまうし、徳の原理は依然として均衡ということにある。その均衡とは、それ自体は善であるひとつの活動と、それと対立する今一つの、これまたそれ自体は善であるところの活動との間のものである。彼らの倫理はあたかもブリッジのゲームのように設定されている。良い競技者とはルールを承知していてその範囲内で競技する人である。彼は自分が下手な競技者とどう違うかを知っている。というのは、彼は状況を見ることに慣れており、ほかの競技者がすることがルールの範囲内で何を意味するかをよくわきまえた上で次の手を打つことができるからである。そのことをホイルに従って競技すると言うが、そこには一手ごとに気をつけなければならない数えきれないほどの事柄がある。ゲーム中に起こり得る偶発事にはそれに適用される規則があり、得点の数え方は前もって決められている。アメリカ人が考えるような善意は無意味になる。

これを念頭に置いて彼の自伝にある次の逸話を読めば、松下と自転車屋の親方がどちらも善意の主張をしたことが納得できます。問題は、その均衡がどこにあるかという判断にあったのです。

それは番頭と小僧との中間に位する昔の手代に当る者が、ちょっとした間違いをおこした。店の品物をだまってよそに売って、その金を使っていたのだ。それは非常に才気にたけた男でよく間に合って重宝がられた。ところがそれが発覚した。本人は非常に悔悟したし、親方にしてみれば、店にとって非常に間に合う男であったから、はじめてのことでもあるし、いっぺんいって聞かしてやろうというので、「何よりもそういうことは悪いことや。まだ年も若いし、今度のことは大目に見るが、将来は二度とこういうことのないように、まじめにやらなあかんで」と懇々と訓戒した。「悪うございました」といって本人も心からわびている。親方は、ようわかったらしいからそれですまそうということだった。

ところが私が承知しなかった。私は親方にこういった。

「それははなはだ遺憾千万でございます。親方がそういうふうになさることは私はええ思います。けど、私はひまもらいます。私はそういうことをした男とともに仕事することをいさぎよしと思わんのです」

「幸吉、そういうもんじゃない」(私は店で幸吉とよばれていた。この独特の呼び名は船場の商家のしきたりであった)

「いや、それは私はどうしてもふに落ちません。これからこの店は最善の努力をしていかなあかんと思うてますのに、〇〇どんが間に合うからいうて、あなたが温情主義でいかれることは結果がようない思います。だから、あなたがそうなさるんやったら、私にひまください」
　親方はよわって、とうとうその手代を首にした。しかしその後、店は非常に繁盛した。そんなことを私がいうことがいいか悪いかは論議の余地があろう。しかし少なくとも店の改革になっていると思う。さむらいでいうたら切腹して諫言したのと同じである。自分が首になるというのだから、腹を切る覚悟で、処罰は厳にしなければならぬと諫言したことになる。そのために店は非常に明朗になり、大きく発展していった。[(2)]

松下自身、この文に続けて「そのときの私の態度は、今になって思うと少し出すぎたと思うけれども、その当時はそういう潔癖なところがあったと同時にそれを遂行する力があった。つまり若さがあったわけだ」と言っていますが、その潔癖というのは、言葉を換えて言えば情に流されることの否定です。

この場合は前項で見た逸話とは逆に、店主がした行動に対して松下の方からクレームを付けたのですが、理由は「あなたが温情主義でいかれることは結果がようない思います」ということで、前の場合より広い視野を見て、店員全体のモラリティが保てるか、大勢の顧客がその店にどういう印象を持つかという点にまで踏み込んでいます。これは、先ほど見たベネディクトの言葉にあった「一手ごとに気をつけなければならない数えきれないほどの事柄」をより深く追求していることを意味します。

先の挿話では松下が店主から「〈善〉か〈悪〉かに従ってではなく、〈期待される人〉か〈期待されない人〉かによって進路を定める」ことについて初歩的な教育をされたのですが、一を聞いて十を知る才知を持っていたのでそれを大きく発展させたのがこの挿話です。そしてそれは後年彼が「経営哲学」と呼んだものの重要な要素になりました。次の文は彼が1978年に著した『実践経営哲学』という本の中にありますが、そこには手代の不正行為に対する厳しい処置を主張した少年時代から一貫する精神が見えます。

> その際に一つ大事なことは、得意先に対する集金を確実にすることである。得意先から集金を待ってくれといわれて、それをそのまま認めることは一見先方のためになるようだが、それはかえって得意先に安易感を持たせ、お客に対する集金がルーズになり、経営の弱体化を招くことにもなりかねない。さらにいえば、業界全体、社会全体に不健全な精神をもたらすことにも結びつく。それに対してこちらが集金を厳格にすれば、得意先も支払いをきっちりやるために、自分も集金を確実にするようになり、堅実な経営になつてくる。それがまた業界なり社会の精神健全化にもなる。だからそういうことも共存共栄を実現していくためにきわめて大切なことである。[(3)]

これはまさに身勝手な行動を戒め、そして情に流されないということを説いた文ですが、それから数ページ先ではこう言っています。

> 企業活動はいろいろな形で、直接間接に大衆を相手に行なわれている。その世間大衆の考えるところ、行なうところをどのようにみるかということは企業経営の上できわめて大切である。世間はいいかげんで信用できないものだと考えれば、経営はそれに則したものになっていくし、世間は正しいと考えれば、世間の求めに応じた経営をしていこうということになる。その点、私は世間は基本的には神のごとく正しいものだと考えている。そして一貫してそういう考えに立って経営を行なってきた。
>
> もちろん、個々の人をとってみれば、いろいろな人がいて、その考えなり判断がすべて正しいとはいえない。また、いわゆる時の勢いで、一時的に世論があやまった方向へ流れるということもある。しかし、そのように個々には、あるいは一時的にはあやまつことがあって

も、全体として、長い目で見れば、世間大衆というものは神のごとく正しい判断を下すものだと私は考えている。(4)

これはもう立派な恥の文化的言明です。日本の大衆に厚く尊敬された人物の信条が恥の文化をはっきり反映するものであったのを忘れることはできません。

＊注：(1) Benedict (1954) p.219.
(2) 松下幸之助『物の見方・考え方』実業之日本社 (1963) pp.109-110.
(3) 松下幸之助『実践経営哲学』PHP研究所 (1978) pp.44-45.
(4) 同書 pp.49-50.

(4) この節の結び

ここでは松下幸之助という1人の企業経営者について恥の文化とのかかわりを見ましたが、それは20世紀後半の日本で起こった高度経済成長を見るときに有用な一つの視点を提供しているように思われます。彼が存分に活躍できたという事実は、日本全体が恥の文化の場であることを抜きにして考えることはできません。松下以外の経営者たちも、それぞれの従業員たちも、顧客としての大衆も、恥の文化的生き方をしていたからこそ松下の活躍があり得たのです。こういうことを度外視して日本のその時期の高度経済成長を論じても、十分満足できる結果に到達できないのではないでしょうか。そしてこれはあらゆる面でのグローバル化が顕著な現代を適切に導こうとするときに、多くの国の文化の型を知ることの重要性を暗示しているように思われます。識者の熟考を期待します。

6. 柳町隆造

恥の文化の国から流出した「異脳」

(1) この節の由来

2003年頃のことですが、筆者は「『菊と刀』の勉強をしましょう」というタイトルを掲げてウエブ上に一連のエッセイを公開し、その中で柳町隆造（1928－）ハワイ大学名誉教授を採りあげました。そのエッセイに掲げた事実関係の記事は主として岸宣仁の著書『「異脳」流出 —独創性を殺す日本というシステム』（ダイヤモンド社、2002年刊。以下では副題を省略します）の第5章「独自に開発した技術でクローン研究に挑む」に依拠していますが、正確を期するために先生ご本人に校閲していただきました。今回ここに掲げるものはその校閲を尊重しながら新たに編集したものです。改めて柳町先生にお礼申し上げます。

(2) 小学校での一つの経験

次に掲げるのは、柳町の小学生時代の経験の一つです。

日中戦争が始まって間もなくのころ、一人の教育実習生がやって来て国語の授業を担当した。柳町は小説や俳句など文学への関心が高まっていた時期でもあり、授業が待ち遠しかった。そんなある日、教育実習生が松尾芭蕉の「古池や　蛙飛び込む水の音」という句を黒板に書いて「作者はどんな心境を詠んだと思うか」と生徒たちに質問した。

小学校に入る前から兄の後を追って野山を駆け回り、動物の生態観察では誰にも負けない自信のあった柳町は、真っ先に手を挙げて答えた。

「芭蕉は心の優しい人だから、彼が、又は何かがカエルを驚かせたためにあわてて池に飛び込ませてしまい、かわいそうなことをしたという気持ちを詠んだ句だと思います」

すると、クラス中の生徒がクスクスと笑い始め、その実習生も柳町をバカにしたように大声で笑った。何で皆に笑われるのかわからない柳町は、心の中で、何で自分の考えをそのまま述べて悪いのかと叫んでいた。

彼は自分の答えに確信を持っていた。カエルは何かの物音に驚かない限り、音を立てて水中に飛び込むことはない。平常時はスーッと音もなく飛び込み、音を立てるのは外敵の接近など危機感を抱いた時だけであることを、それまでの観察で熟知していた。

案の定、実習生は静けさのなかで生まれた音が、さらに周囲の静寂を深める情景を詠んだものだと紋切り型の解説をした。あるいはその場で、「君の答えは大変面白い見方だ」とその実習生が褒めてくれていたら、柳町は文学の道に進んでいたかもしれない。しかし、教員にも他の生徒にも笑われたことで文学への興味を一瞬にして失い、「将来は答えのはっきり出る自然科学の道に進もう」と心に誓ったという。[(1)]

級友たちと教育実習生の態度は、日本人の間に一般的な価値観を見事なまでに反映しています。日本人は誰でも、質問されたらその質問者が期待しているように答えなければならないのです。ベネディクトはこのことをよく知っていました。第2章1節2項にある 'But the Japanese ask …' で始まる引用文を思い出してください。前節でも触れたことですが、世人から仲間はずれにされ、誹謗を受けるという大きな脅威を避けるためには「善」か「悪」かでも、「真」か「偽」かでもなく、「期待どおり」であるか「期待はずれ」であるかということを目安として答えなければならないのです。「芭蕉は心の優しい人だから、……」という答は、「静けさのなかで生まれた音が、さらに周囲の静寂を深める情景を詠んだもの」という、文部省から発行された教科指導用のガイドブックにも、それに基づいて編纂された市販の学習参考書にも載っていた模範解答と著しく違った「個人的要求」であって、恥の文化の社会では正常でないと見なされるのです。ただしここで注意しておきますが、筆者は「静けさのなかで…」という答えが正しくないと言っているのではありません。それも正解ですが、正解はそれしかないと思ってそれと違う回答をバカにした態度をとることに大きい問題があるのです。岸もその点は十分心得ていて、もしその実習生が「君の答えは大変面白い見方だ」と褒めてくれていたら児童に対する価値ある指導であり得たことを認めています。そしてそういうことが教室で実行されればクラスの全員がその指導に浴したと思われます。しかしながらそういう適切な指導ができる教師は稀だという点にこそ真の問題があります。多くの教師はガイドブックにある模範解答から外れた答えには×印をつけるのが当然だと考えます。それが恥の文化の中での「期待される」行動だからです。

満々たる自信をもってした答えが級友たちばかりか教師にまで嘲笑されたにもかかわらず、多数者に流されることなく「〈将来は答えのはっきり出る自然科学の道に進もう〉と心に誓った」というのですから彼の態度は明らかに罪の文化的です。これは一般の日本人には理解されることも受け入れられることもほとんどあり得ないことです。このため彼が自然科学の分野で大成するについては紆余曲折を避けることができませんでした。最終的にはアメリカに救われたものの、その前に日本では度重なる辛酸をなめねばなりませんでした。

＊注：(1) 岸宣仁『「異脳」流出』ダイヤモンド社（2002）pp.165-166.

(3) 日本脱出、帰国、そして再脱出してハワイに根を下ろす

柳町は、中学校（旧制）では暗記科目が苦手なために常に真ん中以下の劣等生であり、卒業後はエリートコースに乗れずに土木専門学校に入りました。しかしどうしても自然科学の道に進みたいという熱意は盛んで、大いに努力して北海道大学理学部に入学しました。そこでは「動物

の生態だけには詳しい、変な経歴の人間」と言われながら動物学を専攻し、大学院にも進んだのですが、研究者としての職が得られず、止むを得ず高校の教師になりました。しかしそこでも教頭ににらまれる存在になって１年で辞職して研究生として大学に戻り、主として魚類の発生学の研究に携わりました。

あちこち寄り道の多い生活であったために、大学院修了から学位取得までに６年かかりました。しかし学位を得ても就職もままならず、研究者としての道は閉ざされたかに見えました。それでも彼は道を切り開く努力を惜しみませんでした。岸は、その努力によって引き寄せられた転機を次の通り述べています。

> そんな失意のなかで、柳町が悩んだ末に見つけ出した究極の選択が日本脱出であった。そのころ、受精の研究では世界のトップクラスにあった米マサチューセッツ州のウースター実験生物学研究所に採用してほしい旨の手紙を出した。特段これというコネがあったわけではなく、科学誌などに発表される論文を見て、体外受精研究のパイオニアといわれたミン・チン・チャン博士宛てに送ったのである。
>
> 折り返し「履歴書と研究論文を至急送ってほしい」と前向きの返事が来て、魚の受精に関する論文を送ると、わずか一か月後に採用内定通知が届いた。中国生まれのチャンは、ケンブリッジ大学で学位を取った後、アメリカに渡った研究者だが、ウサギの体外受精の成功や経口避妊薬の開発などに多くの業績を残した傑物として知られていた。[(1)]

こうして渡米の道が開かれました。チャンは豊かな包容力をもった人でした。その下で柳町は、研究者として幸せな日々を過ごしました。

> チャンの包容力が柳町の持ち前の探求心に火をつけ、研究の対象は魚から哺乳動物に移っていった。人生の大きな転換期を迎えて、柳町

は自らの赴くべき方向を心の中で反芻した。

〈他人と同じことをやっても、どうせ同僚に先を越される。その点、哺乳動物の生殖はまだほとんど手がけられていないし、ヒトは哺乳動物の一種であるから二〇年後、三〇年後に必ず重要なテーマになるはずだ。変わり者なら変わり者らしく、そちらに研究の目標を切り替えていこう〉

六〇年から四年間の研究所勤務は、柳町にとって別世界の日々といってよかった。ケネディ政権とほぼ重なるこの時期は、アメリカが自然科学の発展に膨大な資金を投じた時代であり、柳町のようなポスドクの給料が年間六〇〇〇ドル（一ドル＝三六〇円レートで一二六万円）と、「当時の日本の大学の学部長より多いサラリー」をもらって好きな研究ができたのだからまさに天国であった。

それに応えるように、柳町は次々に結果を出していった。まず、体内でしか受精する能力がないと考えられていた精子が、試験管内で受精できることをハムスターの実験で証明し、後に世界に広がったヒトの体外受精の発展に大きな影響を与えた。さらに、卵子に精子を直援注入する顕微受精の基礎技術を開発したが、その成果は生殖医療や畜産の分野で広く使われている。[2]

しかしながら柳町はもう一度人生行路の屈折を経験しました。それは、日本で研究職に就こうと考えたことから起こりました。そしてその屈折の結果、彼は日本から再び「流出」したのです。

ハムスターの体外受精に関する論文は、英科学誌『ネイチャー』に掲載された。親の背を見て子は育つという言葉があるように、「チャン先生の背中を見ながら、四年間で 10 編の論文を書くことができた」と柳町は述懐する。

受精研究のメッカ、ウースター研究所でこれだけの実績を上げ、いよいよ日本に帰って学究生活に入ろうと、とりあえず北大理学部に研究生として戻った。『ネイチャー』に掲載された論文をはじめ業績にはこと欠かなかったはずだが、助教授どころか、「助手のポストも別の人に先を越されて」しまい、肩書きは研究生のままであった。

再び失望の淵に突き落とされた時、アメリカ留学時代に知り合ったロバート・ノイス教授（バンデビルト大学産婦人科）がハワイ大学に医学部を立ち上げることになり、「一緒に研究をしてくれないか」と打診してきた。

まだ日本の大学に未練を感じていた柳町は返事を保留していたが、「助教授でどうか」と再度打診があった時はさすがに心を決めた。同じ年齢ですでに教授に昇格している仲間を見るにつけ、もうこれ以上待ち続ける自分が哀れにみえてきたこともある。間もなく、38歳の誕生日を迎えようとする春のことであった。

「日本で助手になっていたらと思うこともあるが、結果としてはならなくてよかった。こちらで教授になったころ、日本の大学に戻る話もあったが、研究が軌道に乗ったし、年も50歳近かったのでお断りした。万年ポスドクのつもりで走っているうち、あっという間に三十数年が過ぎてしまった感じだ」(3)

助手のポストも別の人に先を越されてしまったのがどんな事情によるのか詳しくは分かりませんが、ヒントが無いわけではありません。彼はかつて北大で変な経歴をもった人間と言われたことがありました。その①「変な経歴」、②日本にずっといなかったこと、③特にずば抜けて優秀とは見られなかったことなどが、人事を決める人にはマイナスの要因に見えたのかもしれません。

柳町のこういう経歴とその結末を単に「世渡りが下手」ということに帰するのは適切でないように思われます。松下幸之助の場合には「大衆は神のごとく正しい」という前提のもとに事業を進めることができましたが、柳町の仕事はそういうわけに行かないものであったことに注意すべきです。学問、とくに自然科学においては、例えて言えば「それでも地球は回っている」[4] と言うことのできるような信念が必要です。しかしその信念は、罪の文化の人々には十分理解され、支持されるでしょうが、恥の文化の人々にはなかなか理解されません。実業と学問との間にあるこの違いが日本における松下の成功と柳町の「流出」との分かれ目であったと言えるように思われます。

＊注：(1) 岸（前出書）p.168.
(2) 同書 pp.169-170.
(3) 同書 pp.170-171.
(4) ガリレオ・ガリレイが異端審問で地動説を放棄しなければ拷問にかけると迫られて止むを得ず従ったときに、審問終了後にこうつぶやいたという説がある。しかしそれが事実であるかどうかは確認されていない。

(4)「アメリカに救われた」

ハワイ大学が彼を採用したということ自体が、アメリカ人はそういう「変な経歴」を問題にしないということを物語っています。そしてさらにそのことを確認させる話がその後に続いています。

例えばグラント（助成金）の審査では、最高「1・0」から最低「5・0」までの段階があって、各審査員がそれぞれ点数をつけ、平均点を出す。最終の点数が良くても悪くても審査員のコメントが公表され、申請した者には何が不足しているかのポイントが知らされる。

審査にあたっての「ガイドライン」を見せてもらったが、次の五つの視点が強調されていた。

①研究目的が独創的で、革新的か。

②科学的な知識の発展に役立つ重要性はあるか。ただディテールを満すだけか。

③研究の枠組み、青写真、方法などアプローチはしっかりしているか。

④研究者はこの研究を進め得る十分な経験を積んでいるか。

⑤研究環境は整備されているか。

実際に審査を担当してみて、柳町はアメリカのグラント審査が「フェア」だけでなく、第一にいかに「独創性」を重視しているかを痛感している。

審査員同士の講評で〝このグラント申請はよく書けているが、内容が退屈だ〟と話し合うことが時々ある。アメリカ人好みの表現を使えば、エキサイティングではないというわけだ。ただの夢では困るが、何か一つキラリと光る独創性が感じられるかどうかで審査の結果が決まってくる。学界をリードした人間であろうが、有名大学の教授であろうが、ダメなものはダメ。昔の名前では食っていけない厳しさがこの国にはある。[(1)]

「研究者は十分な経験を積んでいるか」ということは問われますが、「変な経歴」が差し障ることはありません。その一方、過去に学界をリードしたことがあっても、有名大学の教授であっても、キラリと光る独創性が感じられない研究をするようでは相手にされません。柳町はそういう社会で認められたのです。 そういう厳しい研究環境を30数年間にわたって泳ぎ切ってきた柳町は、2001年５月１日付で、全米科学アカデミーの新会員に選ばれました。それは科学者にとってこの上ない名誉といわれる地位ですが、「私は変わり者だが、一つでもいい点があるとそこを取り上げてくれるアメリカに救われた」というのはおそらく正直な感想でしょう。そのアメリカが日本とどう違うのかということについて、知られているようで本当のところはよく知られていないことがあります。それについては項を改めて述べましょう。

＊注：(1) 岸（前出書）pp.171-172.

(5) Outstandingであることを日本人はどう見るか

一つの格言が岸をいたく感動させました。

柳町のために建てられた生物発生学研究所の玄関ロビーに、彼自身の言葉が額に入れて掲げてある。

「Be Outstanding. Excellent is not good enough.」

グラントの申請にもいえるが、「〈優秀〉で満足してはいけない。あくまで〈傑出した〉ものを狙え」が柳町の信条である。それは「受精」という一つの研究にすべてを捧げてきた、柳町の人生そのものを表す言葉のように聞こえた。(1)

その格言はすべての研究者を励ますでしょう。でも、それを見た日本人とアメリカ人が同じように受け止めるかどうかはよく考えてみなければなりません。なぜなら、'outstanding' に対する両者の考え方が同じではないからです。'outstanding' は、「傑出している」ということでもありますが、そのほかに「目立っている」とか「ずば抜けてよい」、「突出している」という意味もあります。アメリカ人の感覚からすると、人の思想や行動がどの意味で outstanding であっても、そのこと自体が当人を不利に陥れることはほとんどありません。ところが日本の場合は、思想や行動が outstanding である人は、それが善いか悪いかではなく、outstanding であるということのために社会的な不利益をこうむることが非常にしばしばあります。このことは、日本人の言う「傑出」の意味が英語の 'outstanding' のそれより狭いことを暗示しています。どう狭いかということは、outstanding なものはしばしば unusual（異常）でもあるということを考えれば分かります。日本人は、何かが unusual であればそれだけの理由で、言いかえるとそれが usual（正常）なものより善いか悪いかも、真実であるか偽りであるかも問題にせずに、それを嫌ったり軽蔑したりするのです。先ほど見た柳町の少年時代の経験はそれを如実に示しています。芭蕉の「古池や……」の句に対する彼の解釈は unusual であるけれども百パーセント真面目な答でした。そしてそのことがかえって嘲笑を招きました。まさに「出る釘は打たれる」です。その句の解釈としては、「静けさのなかで生まれた音が、……」という紋切り型のものが usual であり、正解とされるのです。誰もそれ以外のものを期待しないので、違う解釈が提出されると、たとえ真面目な解釈であっても、いや、真面目な顔をして言っているだけ余計に、人々はそれを滑稽と見て嘲笑し、提出者は恥をかかされるのです。

もちろん日本人も、人の思想や行動が outstanding であることを全面的に否定するわけではありません。それは、たとえばノーベル賞を受賞した人が全国民から祝福されるのを見れば分かります。受賞者は確かに学問的、社会的あるいは文学的業績において outstanding の人たちです。そしてその受賞は、世界的に確立された権威によるものですから「正常」とみなされるのです。しかしながら多くの日本人は、権威による栄誉を受けていない outstanding の人物にそれ相当の敬意を払っているとは言い難いのではないでしょうか。日本人の多くはたとえば○○氏は学位をもっているから、□□大学の教授だから、あるいはノーベル賞をもらったから偉いのだと考え、そういう指標の無い人は有る人に比べて程度の低い尊敬にしか値しないと思っているようです。言い換えるとこうです。日本人は、すでに権威が存在する場合に限って、人がその権威の基準に添った業績を挙げることを期待するのです。その権威によって高く評価された人物あるいは業績は世人の期待に添うものですが、この条件を欠くものは期待されないものであり、無価値とみなされるのです。

これと同じ原理が日本人の価値観の端々にまで行き届いています。先ほど見た小学校の国語教育の事例もそうです。「古池や……」の句について、芭蕉がカエルに対して申し訳ないと思ったとする解釈は、どの学習参考書にも、教科指導用のガイドブックにも載っていません。ということは、権威者としての国文学者たちも、ガイドブックの編纂者も認めていないということです。それで多くの日本人の考え方からすればその解釈は無価値で滑稽なもの、早く言えば期待されないものにすぎないということになるのです。これは明白に恥の文化の考え方です。

英語を母語とする人々は 'Be Outstanding.' と言われただけで日本人には想像もつかないほど広く自由に考え、自由に力を発揮しようとしますが、日本人は自由に振舞っているつもりでいながら知らずしらずのうちにさして広くもない限界を設けて、その範囲内でしか考えたり力を発揮したりしません。その結果 excellent を越えることを無意識的に躊躇し、既存の権威が扱った範囲の外に出ることができなくなるのです。それでは旧来のものを多少超えたとしても知れたものです。そういうわけで、excellent な仕事ができる日本人は大勢居るのに、outstanding の域に達する日本人は、欧米人に比べると稀なのです。

＊注：(1) 岸（前出書）p.173.

(6)「異脳」流出の根本的原因

ここまでの話の中に「期待」という言葉がしばしば出てきたことからも分かるように、先ほど言及した 'But the Japanese ask …' で始まる段落は重要な事柄を示しています。日本人にとっては、世人から見て「期待どおりの人間」であるか「期待はずれの人間」であるかということは、「善」か「悪」か、あるいは「真」か「偽」かということよりも遥かに重要です。だから、誰かの思想や行動が善または真の追究という点で outstanding であってしかも世人の期待どおりであれば、それは日本語の「傑出」に当たることで、誰が見ても結構なことですが、outstanding であっても、世人の期待と合致しなければ「傑出」ではなく、むしろ愚行とされるか、そうでなければ「出る釘」と見なされます。「出る釘」であれば世人は、その内容が善であろうと悪であろうと、真であろうと偽であろうと、とにかくまず打ちます。そして後になってそれが価値ある善または真であることが判明しても「お前の言う事もわからないわけではないが、世の中というものはそんなものじゃない」とか何とか言って押し切ろうとします。

では、世人はどういうことを期待するのでしょう。それを暗示する言葉は『菊と刀』の中にいくつかあります。筆者がまず思い出すのは、唐突に見えるかもしれませんが、第６章「万分の一の恩返し」にある次の言葉です。

…The Japanese do not value piety except to those remembered in the flesh and they concentrate on the here and now. Many writers have commented on their lack of interest in disembodied speculation or in forming images of objects not present, and their version of filial piety serves as another instance of this when it is contrasted with China's. The greatest practical importance of their version, however, is in the way it limits the obligations of ko among living persons.(1)

…日本人はなまなまと記憶されている者以外の祖先に対する孝行を重視しない。彼らは今ここにあるものに集中する。多くの著述家が、具体化されていない思索や現前しないもののイメージを描くことに日本人が興味を持たないことについてコメントしているが、中国人がしていることと比べてみるならば孝行の日本版はそのことの一例と見られる。ともあれその日本版の実用的重要性の最も重要な点は孝行の責務を生存者の間に限定するというすじ道にある。

日本人が基本的な徳の一つと見なしている孝においてさえ「今ここにあるものに集中」すると指摘されており、「具体化されていない思索や現前しないもののイメージを描くことに日本人が興味を持たない」ということが改めて確認されています。そういうわけで日本人は、具体的な形をもったものと、それと等価ではあるが抽象的で目には見難いものとがあるときにはほとんど確実に前者により強い関心を示し、それに期待をかけます。それゆえ○○氏が学問上の立派な業績を挙げたといってもその人の胸にノーベル賞のメダルが輝いたかどうかによって、評価が天と地ほどに違ってくるのです。なぜそうなるのかというと、次のような恥の文化の原則が日本人の社会を導いているからです。

> The primacy of shame in Japanese life means, as it does in any tribe or nation where shame is deeply felt, that any man watches the judgment of the public upon his deeds. He need only fantasy what their verdict will be, but he orients himself toward the verdict of others. When everybody is playing the game by the same rules and mutually supporting each other, the Japanese can be light - hearted and easy. … (2)
>
> 日本人の人生で恥が最高の地位を占めているということは、恥を深刻に感じる部族または国民がすべてそうであるように、各人が自己の行動に対する世評に気をくばるということを意味する。彼はただ他人がどういう判断を下すであろうか、ということを推測しさえすればよいのであって、その他人の判断を基準にして自己の行動の方針を定める。みんなが同じ規則に従ってゲームを行ない、お互いに支持しあっているときには、日本人は快活にやすやすと行動することができる。…

そういうわけですから日本で成功するには、自分が優秀な人間であるということを分かりやすく示す指標を世人に見せる必要があります。たとえば有名大学を卒業したとか、既存の権威によって表彰されたというような指標があれば、それを見分けるのに「抽象的思索、もしくは現存しない事物の心像を脳裏に描き出すこと」は必要でありませんから、一般の日本人にもよく分かり、好ましい「世評」を獲得することができます。

岸は、柳町が「アメリカに救われた」とは裏を返せば日本に相手にされなかったということだという意味のことを言いました。彼がなぜ日本に相手にされなかったのかを考えるならば、彼の若い頃の経歴に今言った価値観から見ればむしろ負の指標――たとえば中学校を卒業した後、高等学校ではなく、土木専門学校に入ったというようなこと――があることに注意しなければなりません。それも二重の注意が必要です。一つは、言うまでもなく、その記号のゆえに世人が彼を軽んじたということです。しかしそれだけでは彼の日本での屈折した経歴の説明としては十分ではありません。普通の日本人なら専門学校に入った時点で動物学への道を諦め、たとえば建設省（現 国土交通省）の役人になるとか、そうでなくても一流の建設会社に入って技師になるというような、その学校を出た者としては世間体のよい指標を得ることを目指すでしょう。

しかし彼はそんな指標には興味が持てなかったのです。彼が求めたのは本質でした。彼は、成功するためには自分が他人と違う人間であることを自信を持って世人に語るべきだと考えました。こういう考え方だから、たとえば土木専門学校に行ったというようなことが自分の経歴の負の指標だなどとは考えなかったのです。むしろ一度そういう道に入りかけたけれども考え直して人一倍の努力をして科学者になったことを誇る気持ちさえあったように見えます。すなわち、「他人の判断を基準にして自己の行動の方針を定める」などということは、彼の人生観とは無縁だったのです。彼の人生観によれば、「自己の行動に対する世評に気をくばる」というようなことをしていたのではこの世に生まれてきた甲斐が無いのです。

筆者の見るところでは、これが日本に相手にされなかったことの主要な原因であり、また同時にアメリカに救われた理由でもあります。日本では、世人は彼が「他人と違う人間であること」を期待せず、「みんなが同じ規則に従ってゲームを行ない、お互いに支持しあう」ことを期待するのです。それが恥の文化なのです。これに対して、自分が他人と違う人間であることを強調するのは罪の文化の考え方です。このことは、本書の序章３節に掲げた次の文を読めば分かることです。

> True shame cultures rely on external sanctions for good behavior, not, as true guilt cultures do, on an internalized conviction of sin.

筆者はこれに二つの訳をしましたが、そのうち「意訳」とした次の文がこの場合にピッタリ合うように思われます。

> 少しも罪の文化的なものを含んでいない恥の文化では、自分が善いと思うことをすれば他人もそれを善いと認めるからするのであって、少しも恥の文化的なものを含まない罪の文化がするような、自分が善いと思えば他人が認めようと認めまいとかまわずに実行するということはない。

柳町が日本に相手にされず、アメリカに救われたとすれば、それは彼の無意識の中にある人生観が恥の文化に馴染み難く、罪の文化に馴染みやすいものであったからだろうと思われます。そして近代以後の科学は、言うまでもなく罪の文化の国々に生まれ育ってきたものです。彼が科学の分野に自分の生きる道を見出したのは偶然ではなかったと考えられます。しかし日本でその道を歩むのは、あまりにも多くの障害を乗り越えねばならないことであり、むしろ不可能と言うべきことであったと思われます。それは、柳町１人の問題ではなく、『「異脳」流出』に採りあげられた人々に共通する問題でもあったのです。

＊注：(1) Benedict (1954) p.122.
　　　(2) *Ibid*. p.224.

7. 日本の機械製造現場の人々

近代工業と恥の文化との狭間

(1) 清家の指摘

ここに掲げるのは、東京都立大学（現首都大学東京）工学部長であった清家正（1891－1974）が1953年に著した『新稿製図論』の中にある言葉です（清家独特の用語法で、一般には「図面」と呼ぶものを「製図」と言っていますから注意してください）。

著者がかつて一職工として現業に従事していた際、渡される製図も、渡される製図も、作業者が自分で適当な判断を加えない限りそのままでは仕事にならなかった事実、即ち“職工の方が製図を画くものよりも製図に対する知識がより多く豊富でなければ作業が不可能である”という驚ろくべき事実に直面し、つづいて設計室を預かってあまりにも図書館的要素の乏しいのに驚き、三転して工場を主宰するに及んで製図の内容があまりにも経営的要素に対して距離のあるのに不思議さえ感じたものである。この事実は今もってそのままである。[1]

彼は1920年代から1960年代にかけて日本の機械製図の改善のために甚大な努力を傾けた人物で、日本工業規格（JIS）の製図関係諸規格の制定にも大きい役割を果たしました。上の言葉はその人の実感であって、少しも誇張や潤色を含んでいません。その証拠として、第二次世界大戦たけなわの1944年に、日本海軍が世界に誇るゼロ戦の製造過程で起こった一つのトラブルを挙げることができます。

＊注：(1) 清家正『新稿製図論』パワー社（1953）p.111.

(2) ゼロ戦製造中のトラブルの経過

ゼロ戦は、広く知られているように、三菱重工業名古屋航空機製造所の堀越二郎を中心とするグループによって設計された艦上戦闘機です。それは1940年に日本海軍に制式採用され、数次の改造を経ながら1945年の敗戦まで第一線で活躍しました。設計者がどれほど過酷な要求をこなして血のにじむような仕事をしたかは堀越の著書[(1)]に分かりやすく書かれています。たしかにゼロ戦は1940年代初期には世界の戦闘機の水準を遥かに超える名機でした。それが好成績を挙げたので三菱だけでなく、軍用機製造の実績を持つ中島飛行機製作所にも図面を与えて生産させようという話が持ち上がり、それが実行に移されました。そこでトラブルが起こったのです。当時海軍技術大尉で海軍航空技術廠科学部に所属していた内藤初穂は1944年秋に起こったそのトラブルの経過を次のように記録しました。

> 改造機は“五二型丙”（A6M5C）と名づけられて、ただちに〔三菱〕大江工場で量産体制に入り、八月下旬には、機体部分がまとまり始めた。中島製作所でも、三菱から渡された図面によって、量産を始めた。ところが肝心の発動機がまにあわない。
>
> しかも、生産の途中、基地部隊からは、中島製が使いものにならないと文句をつけられるというおまけまでついてしまった。性能の善し悪しは別にしても、増槽が胴体下部にうまくとりつかないというのである。三菱製はうまくつくらしい。とすれば、中島製作所のジグが狂っているに相違ない。担当部員の岸田は、中島製作所小泉工場に急行して、製作中の実機を図面と照らしあわせてみた。ところが制作の手落ちはどこにもなかった。図面は三菱で引いて中島に渡したものだが、三菱の原図と合わせてみても、間違いはなかった。原因をつかめないまま、航空技術廠に帰ってきた岸田は、念のために、部下の松本幹夫技術中尉を、もう一度、小泉工場に行かせてみた。違った眼で

> チェックしてみたが、やはり中島の製作に落ち度はなかった。狐につままれたような気分になっているところへ、中島の担当技師から、原因がわかったと報告してきた。聞けば、小型ロケット爆弾の懸吊架をつけるために、主翼をわずか上にあげた結果、胴体下面が主翼よりごくわずか飛びだしているという。図面でもたしかにそうなっている。増槽をぴったりととりつけるには、胴体下面と主翼とが平らに通っていなければならない。したがって、図面どおりに造れば、増槽がつかないのは当然であった。
>
> ところが、同じ図面でつくっているはずの三菱製のほうは、ちゃんとついている。そんなばかなことが、あるはずはない。
>
> そこで、改めて三菱製の実機を調べてみた。驚いたことには、図面とは違って、胴体下部と翼下面とが平らに通っていた。つまり、三菱の現場で適当に図面を修正して、ジグをつくっていたというわけなのである。三菱から渡された図面どおり、正直につくった中島製は、けっきょく、全機とも役にたたなくなってしまった。[2]

ジグというのはこの場合、複数の部材を組み合わせて一定の構造物を作り出すために部材相互の位置関係や加工用工具の位置、姿勢等の設定を容易にするための補助工具です。これは通常設計部門から発行された図面を製造部門の人が見て、そこに描かれた製品を製造するためにはジグがどんなものでなければならないかを検討した上で、製造部門で設計・製作します。このとき図面で指定された製品の形状、寸法、加工方法、仕上がりの要件等を製造部門の人の判断で変更することは通常禁止されます。もし図面に間違いがあることが判明したら、直ちに設計部門に連絡して変更の指示を待ってからジグの設計・製作に取り掛かります。そうしなければ各部門の責任と権限があいまいになり、不良製品や事故の発生を防止し難くなるからです。これは近代的機械生産の常識と言ってもよい事柄ですが、奇妙なことに、その常識を守っていた中島の製品が大量に不良となり、それを守らなかった三菱の製品が役に立ったのです。何からこんなちぐはぐな結果が出てきたのでしょう。それは、筆者の見るところでは、三菱の設計部門と生産部門との両方が、図面というものの在り方に対する近代的な見方をせず、恥の文化に則した態度で扱っていたことによるのです。

＊注：(1) 堀越二郎『零戦 ― その誕生と栄光の記録』角川文庫（2012）
(2) 内藤初穂『海軍技術戦記』図書出版社（1976）p.199.

(3)『菊と刀』との関連（その１：集合的期待）

問題のトラブルを『菊と刀』の視点から見る場合、二つのポイントに注目する必要があります。一つは第３章の冒頭にある、「階層制度」（第２章２節６項参照）に対する日本人の信頼であり、今一つは第12章にある「集合的期待」（第２章１節２項参照）です。集合的期待の方から先に検討しましょう。

'But the Japanese ask…' で始まる引用文は前の節でも注目しましたが、もう一度同じ Those who do respect themselves (jicho) chart their course, not between 'good' and 'evil' but between 'expected man' and 'unexpected man,' and sink their own personal demands in the collective 'expectation.' という文に注目しましょう。まさにこのセンスが「現場で適当に図面を修正して、ジグをつくっていた」という行動を導いたのです。三菱の生産現場のジグ設計者はゼロ戦の初期の型から生産に携わっており、増槽をきちんと取り付けるには主翼と胴体の下面が平らに通っていなければならないことを知っていました。そこへ改造型の図面が来たのを見ると胴体下面が出張っている。それで彼は「これじゃだめだ、平らにしなけりゃ」と思って、図面と違うことをあえて実行したのでしょう。彼は自分のしたのが良いことだと確信していたに違いありません。良い製品を作ることこそ皆が望んでいること――集合的期待に添うこと——だというわけです。図面の間違いを見つけたら直ちに設計部門に通報するというようなことは、皆のためになることとは考えられませんでした。それを実行すれば設計者が恥をかくということだけでも黙って図面と違うことをしてしまう理由として十分と考えられました。

ところが彼の考えには重大な盲点がありました。彼の頭の中の「皆」には中島製作所の関係者たちが入っていませんでした。原図を訂正する機会が無いままに設計部門で追加のコピーが作られ、それがゼロ戦を初めて生産する中島製作所の現場に持ち込まれたのです。このためにとんでもない不良品——貴重な資材と、労力と、時間を費やし、命がけで敵の侵攻を食い止めようとしている軍人たちの期待に背く出来そこないのゼロ戦——が大量に作られてしまいました。

この出来事は私たちにいろいろなことを教えます。まず注目されるのは三菱のジグ設計者が「皆が望んでいること」を推しはかったときに頭にあった「皆」が20世紀の機械工業にふさわしいものでなかったということです。『菊と刀』の中でこういうことが直接言及されているわけではありませんが、ベネディクトは日本人がそういうくせを持っていることを知っていました。前節の第2章6節6項にある最初の引用文（『菊と刀』の第6章から引いたもの）の最初のセンテンスに‘… they concentrate on the here and now’（彼らは「今、此処」に集中する）とあり、さらに続けて‘Many writers have commented on their lack of interest in disembodied speculation or in forming images of objects not present, …’（多くの著述家が、具体化されていない思索や現前しないもののイメージを描くことに日本人が興味を持たないことについてコメントしている…）と言っています。こういう日本人のくせのために、彼は図面に間違いがあることに気が付いても自分が気を利かせて正しいジグを作ってしまえばそれで済むことだと思ったのでしょう。しかしそれは近代機械工業における図面の役割という点から見ると間違った考えです。図面は決して「今、此処」だけで用をなすものではありません。すでに見たように他社の生産現場で用いられることもありますし、航空母艦や基地で点検や修理のために用いられることもあります。そればかりか、もし三菱の設計部門でゼロ戦に更なる改良をしようという企てが起こったとすれば、そのときにはその図面に基づいて案が練られることもあり得ます。このように図面に盛られた情報は多方面で、現在ばかりでなく将来にわたって様々な要求に対応するのです。勝手に図面と違うジグを作った人の頭にはそういうことが浮かばなかったのでしょう。

今しがた『菊と刀』の第6章から引用した文を見ましたが、それが恥の文化の表れであることは容易に理解できます。前節の第2章6節6項にある 'The primacy of shame …' で始まる引用文（第10章にある文）をご覧ください。'… any man watches the judgment of the public upon his deeds'（誰もが自分の行動に対する世人の審判に注目する）とありますね。先ほど第6章の一部分について見たことはこれに含まれており、恥の文化の表れであることは明らかです。したがって三菱のジグ設計者が独断で図面と違うものを作ったのは恥の文化に従った行動であったと明言できます。

(4)『菊と刀』との関連（その2：階層制度）

本章の第2節で福沢諭吉に関する論考を述べたときに筆者は『菊と刀』の第3章の冒頭の段落を引用しました。ベネディクトが強調したのは「日本が階層制度に確信を抱いていることは人とその仲間との関係とか人と国家との関係の観念の全体の根幹」だということです。その第3章では「恥の文化」という言葉は使われていませんが、そこで注目された現象の根源が恥の文化であることは容易に知られます。本章の前節の第2章6節6項に引用された 'The primacy of shame …' で始まる引用文を思い出してください。各人は自己の行動に対する世評（public opinion）に気をくばり、ただ他人がどういう判断を下すであろうか、ということを推測しさえすればよいのです。世評といっても、上で見たように、身近な仲間の言うことだけです。政治家でも有名人でもない人は何千人、何万人という人のことを気にすることはありません。しかしそういう狭い範囲でも——むしろ狭い範囲だからこそ——上下の関係は決しておろそかにできないのです。

この上下関係という点で、明治以来の日本の製造業、建設業の社会には独特の気風があります。設計者は常に施工者の上位にあると考えられているのです。福沢諭吉が『学問のすすめ』の中でいとも簡単に「都（すべ）て心を用ひ心配する仕事はむづかしくして、手足を用る力役ははやすし」と断定したことはすでに第2章2節3項でご覧になった通りですが、そういう安易な二分法が日本人の標準的な職業観になっているので、どこの会社や工場でも設計部門の人は現業部門の人を見下し、現業従事者は設計者に一目置くのが普通です。これは明治時代に日本の急速な近代化が企てられたときに欧米ですでに出来上がった技術が導入され、それを使いこなすために大急ぎで高等技術教育が行われたことと関係があります。設計というのはそういう教育を受けた人がする頭脳労働と考えられました。これに対して生産部門の仕事は「手足を用いる力役」にすぎない価値の低いものと考えられ、それに従事する人たちは、設計者に比べると低い能力しか持たず、したがって階層制度の中では低い地位にある者と思われました。このことは結果として設計に携わる技術者を甘やかし、現場の人たちに余分な負担がかかるのを当然とする慣行を生みました。ジグ設計者が図面の間違いに気付いていながら黙って図面と違うものを作ってしまったことの背景には、こういうこともあったのです。そしてこの節の冒頭に掲げた清家の言葉はそれが少数の工場の問題ではなく、日本の工業の広い範囲の問題であったことを示唆しています。

(5) 製図に関するアメリカ人の態度瞥見

堀越二郎がゼロ戦を設計していた頃、本庄季郎は同じ三菱重工で爆撃機を設計していました。日本海軍の有名な一式陸上攻撃機（葉巻型爆撃機）は彼の作品の一つです。彼は戦後の1951－1954年に立川にあった米軍の極東空軍補給部支部（FEAMCOM）の仕事をして得た経験を「アメリカ空軍で経験した設計製図」という題のエッセイにまとめて日本設計製図学会機関紙『設計製図』に寄稿しました。そこにはコンピューターが導入される直前のアメリカの設計製図業務の様子が念入りに記述されています。筆者はできることならその全文を掲げたいと思いますが、それはこの本にふさわしくありませんので「検図」の項だけを下に引用します。

わが国一般の検図とくらべて、米空軍設計室の検図は大層きびしい。FEAMCOMで、検図はつぎのような順序で行なわれた。

まず、設計者（Engineer）が製図者（Draftsman）にかかせた原紙は、それから焼いた一通の青図とともに検図係（Checker）に渡される。検図係は青図に赤鉛筆で修正個所を遠慮なく書く。詳細図の配置変更、製図規則に違反した個所の修正、現場が理解しやすく誤解しないための表現、寸法加減の正誤、その他検図係の責任範囲に属するありとあらゆる修正を、青図が赤鉛筆で色が変わるほど書きこむ。それら各項目について、検図係は設計者と打合わせ、実行するかどうかを検討し、設計者が不賛成の事項は取り除き、他の項目を修正することをきめる。

この赤鉛筆で訂正要求を書き込んだ青図にしたがって、設計者は製図者に原紙を修正させる。修正された原紙は、修正項目を赤鉛筆で記入してある青図とともにふたたび検図係に渡され、検図係は原紙が修正要求どおりに変更されているかを確かめ、実行されていれば、赤鉛筆の注意書を青鉛筆で消して行く。このようにして、すべての赤鉛筆の記入事項が青鉛筆で消されると、これで検図は終わるのである。

検図の終った原図で焼いた青図が工場に出図され数個の試作が行なわれ、検査課、工作課を経てときには実用実験を行ない、その間に発見された不備な点が修正された原紙ができると始めて部長級の人は原図に署名する。めくら判はあまりおさない。

このように、図面は非常に厳重に吟味されたのち完成される。大量生産の本家である米国でも、図面は質を重要視し、量産はしない。

そのかわり一度作った図面は粗末に扱わず、そのままのものが完全に長年保管され、同じようなものを数多く設計しない。

なお上記のような検図の過程はNorth American INCでも同様であるよしである。[(1)]

「原図」と「青図」について説明しておきましょう。古い時代には原図と言えばケント紙とかワットマン紙という圧手の紙に墨で書かれたものを意味しましたが、1950年代には半透明のトレーシングペーパーに遮光性の高い鉛筆で書いたものを意味するようになりました。この原図をある種の鉄化合物を塗布した感光紙に重ねて露光し、その感光紙を現像液に浸けると、光が当たらなかった部分を白く残して地の部分が青く発色します。これを青図（青写真）と言います。この方法は、その後いろいろと優れた複写方法が開発されて今では使われなくなりましたが、一時は工業用複写と言えば青図を指すほどに広く利用されました。

上の引用文から、アメリカ人が日本人とは比較にならないほど注意深く検図をすることがよく分かります。そうすることによってほんのちょっとした間違いのために出来そこないの戦闘機を大量生産してしまうというような愚行が避けられるということを彼らはよく知っているのです。そこには日本人の持たない伝統が息づいています。その伝統を築いた人たちすなわち19世紀末期の機械技術者たちについて、筆者はこう述べたことがあります。

すでに言及したように、アメリカでは労働力は不足がちであり、賃金水準は高かった。そして有能な人は機会をとらえてより高い社会的階層に上がることができた。そこにはイギリスの社会を覆っていたところの保守的な気風はほとんど無かった。1890年頃にはエンジニヤの多くは職工から叩きあげた人たちであった。彼らは現場のことをよく知っており、しかも将来工場経営者になる可能性が小さくなかったので、経営上の諸問題、特に原価の低減に無関心では居られなかった。彼らが製図法の改善に熱心であったのはこのような環境からすれば当然と言うことさえできる。…[(2)]

当時のアメリカの技術者や工場経営者の間に労働を蔑視する気風が無かったことが暗示されていることに注意してください。労働を蔑視しなかったからこそ賃金水準は高かったのです。彼らも立身出世を志しましたが、決して職工の仕事を卑しいものと考えてのことではありませんでした。

＊注：(1) 本庄季郎「アメリカ空軍で経験した設計製図」『設計製図』6巻22号（1971）pp.11-20.
(2) 森貞彦『清家正の製図論と思考様式 ― 日・英・米比較製図思想史の視点から』パワー社（1997）p.97.

(6) 将来の機械工業における恥の文化の有用性

ここまで読まれた読者は、筆者が日本人を貶し、アメリカ人を褒めているという印象を持たれたかもしれませんが、もしそうであればそれは筆者の本意ではありません。機械工業は罪の文化の国に生まれ、育ったもので、第二次大戦の頃には日本ではなく欧米の側に一日の長があったのは当然です。しかし筆者は長い目で見ればその立場が変わることもあり得ると考えています。それについて概略を述べたいと思いますが、その前にもう一つ、戦後の高度経済成長期の東京の町工場であった実話を一つ紹介しておきましょう。

一枚の図面をもって、二十何日間あちこちの工場をたずね歩いた末、わたしの職場にたどりついたのだという、その図面を眺めて、わたしとフライス工の坪田さんが首を傾ける。

「いったいどこからどう削ったものだろうね」

「ウーン、嫌な仕事だな」

「旋盤は簡単だからいいけど、フライスは、社長がやる気らしいよ」

「俺あ、知らんぞ。こんな仕事請けたら、煙草吸うぞ」

「たばこ？」

「図面眺めて、ゆっくりと煙草の一箱も吸うほど考えてからでなけりゃ、手が出ないよ」

それなのに月曜の朝、社長が使っている複合フライス盤の上に、出来上がったその部品が乗っていた。そのひとつのために、三千万円ほどが宙に浮いていると泣きつかれて、社長は日曜日にそれを仕上げた。

インデックスチャックは、送油管の継手パイプの加工に使われる。いちどチャッキングしただけで全加工できるように、チャックが180度回転する油圧チャックで、この手のものはもう何度か作っている。大小さまざまな部品を組合わせ、600 φほどの球面加工されたチャック本体ができあがってゆく過程を見るのは楽しい。フランスあたりで開発されたものを、日本でスケッチして真似ているのだという。

…（中略）…

真似した設計だから、設計図にもおかしなところがある。松田社長はそれを見抜いて、断りなしに変更してしまう。

「こんな物は、組立てて、ころがしてみて、ちゃんと割り出しができればそれでいいんだよ」

口では荒っぽいことを言いながら、それでも組立ての過程や出来上がりを何枚もカラー写真に撮って、アルバムに貼ることを忘れない。[(1)]

難解な表現の上に「おかしなところがある」図面を持ち込まれてそれ

を引き受けて、どうするかと思ったところが「断りなしに変更」してしまい、平然として「こんな物は、組立てて、ころがしてみて、ちゃんと割り出しができればそれでいいんだよ」とうそぶく態度を見たら、几帳面なアメリカ人は腰を抜かすかもしれません。しかし多くの日本人は松田社長のことを気の利く人と言い、自分もそうありたいと思うでしょう。その図面を引いた技術者は二流でしょうが、町工場の社長のおかげで顔が立ったのです。

この場合には、たぶん、その技術者は顔を立ててもらったことを知らなかったでしょう。それでも社長の方は儲けているのですからそういうことを殊更表面に出しません。しかもその社長は後々のことまで考えに入れています。二十何日間もあちこちの町工場で引き受け手が見つからなかった仕事ですから、同じインデックスチャックがもう一台必要になったときには必ず彼の工場に注文が来ます。そのときにはどの工作機械を使って、どんな手順で、図面のどこをどう解釈しながら加工をすれば良いかが写真付きで分かるようになっていますから、社長自身が手を下さなくても賃金の安い工員にさせることができます。こういうわけで、注文主の技術者が有能でない分を町工場で補って事は収まる、ということもあるのです。事柄の性質上こういうことがどれほどあるかは何の統計にも表れませんが、日本の機械工業からこういうことを完全に払拭したらずいぶん無理が生じて不経済なことになるのではないかと思われます。そういう意味で、松田社長のような人は日本の機械工業の縁の下の力持ちなのかもしれません。

もちろん、彼の流儀に全面的に頼るわけにいかないことは先にゼロ戦の例で見たとおりです。しかし機械の生産が経済的活動であることを考えれば、ある範囲でその流儀を認めてもよいのではないでしょうか。この考え方はさらに将来の問題につながっていきます。

機械は一定の形状と寸法を持った複数の部品から構成されるもので、それを生産するには必ず図面が用意されます。ここ数十年来情報処理・

伝達の技術が進歩を遂げたことによって設計から生産に至る過程が大幅に自動化され、生産現場の人々の役割が変化しつつありますが、それでも生産に必要なあらゆる情報の処理が100%自動化されるということはあり得ません。人間が作り出したシステムには必ず何らかの人間的な問題点があり、それは人間の真剣な努力によって補われねばなりませんので、その仕事に当たるべき技能者は必ず居なければなりません。彼らに必要な情報を伝えるためには図面――必ずしも紙に書かれるとは限りませんが、視覚に訴えるものに違いありません――が必要です。そして彼らも人間である以上、生まれ育った環境から受け継いだ文化の型を無意識的に背負いながら図面を見ます。それゆえ機械生産と文化の型との間に起こり得る問題は時代を超えて常に存在し続け、年々歳々新たな問題を生み続けます。したがって先に見た松田社長のような「気の利く」人材は、ますます必要になることはあっても、決して無用にはなりません。

文明の一角を担う機械工業が罪の文化の国々で生まれ、20世紀中頃には恥の文化の国がまだそれに追いついていなかったとしても、いつまでもその関係が変わらないと考えるのは短慮というものです。そこには今述べたものの他にも有用な可能性が潜んでいるかもしれません。そしてまたこれは機械工業だけの問題とは限りません。人間の活動のあらゆる面で、今まで思いもよらなかった可能性が開花することもあり得ます。だから恥の文化であろうと、罪の文化であろうと、絶大な価値を秘めているに違いありません。この方面の研究はまだ始まっていませんが、将来大きい広がりを見せるものと想像されます。

＊注：(1) 小関智弘『春は鉄までが匂った』晩声社（1979）pp.208-209.

第３章

理解しそこなった先生たちが見える

1．祖父江孝男

『文化とパーソナリティ』における誤解

(1) 問題点

祖父江孝男（1926－2012）著『文化とパーソナリティ』[1]は、1976年すなわち『菊と刀』の原書が出てから30年目に初版が刊行されました。この時間は十分長く、もし『菊と刀』に疑問点あるいは問題点が見つかっていたら、専門家の間で検討されて、改善すべきものであれば改善されたはずです。しかし現実には文化の型に関する考え方は完全に間違っており、文化とパーソナリティというテーマに関しては空疎な記述が長々と続いているにすぎません。これはその頃の専門家集団が全体として文化の型に対する認識を欠いていたことを反映していると考えざるを得ない事実です。

その原因は明白です。本書の序章1節に示したように、ベネディクトは人間の無意識の中に存在する文化の型を追求するために思考と行動の型が形成されるすじ道を真剣に把握することを心掛けたのに、彼女がどうしてそういうことをしたのかを誰も理解しなかったのです。彼らは無意識の中で起こる現象を言語によって表現したり、言語を道具として分析したりすることに疑問を感じませんでしたが、無意識というものが本来言語的表現のできないものであることを誰も重視しなかったのです。そのために彼らとベネディクトとの認識の間には越え難いギャップができてしまいました。不幸なことに、その後さらに40年を経た現在もなおそのギャップは、埋められるどころか、それが存在することにさえ気付かれていません。

こういう大きい問題が気付かれないまま祖父江がどんなことを言ったかを瞥見しましょう。それが何の役にも立たないことはすでに分かっていますが、基本的なことを誤るとどんなことになってしまうかを見ておくこともあながち無用ではないでしょう。

＊注：(1) 祖父江孝男『文化とパーソナリティ』弘文堂（1976)。

(2) ユング心理学に対するアメリカ人の態度

祖父江は自分が属する専門分野を「文化とパーソナリティ（culture-and-personality)」と呼び、本のタイトルもそうしてありますが、その本文第1ページに掲げられた「米国における人類学の構成」という表ではそれが心理人類学（psychological anthropology）の別称であることが明示されています。彼はアメリカにおける心理学と人類学の半世紀を超えるかかわりを20ページ余にわたって解説していますが、そこにはアメリカの社会全体を覆う一種の雰囲気が影を落としているように見えます。すなわち彼の言う「心理学」は全面的にフロイト流の精神分析学なのです。ユング流の分析心理学には一言も触れていません。これはアメリカ人が一般的にフロイトの業績をもてはやす一方、ユングの業績に対してはずいぶん冷淡であることを反映しているように思われます。

林道義は『無意識の人間学』の中で何度かフロイトとユングの比較をしましたが、その第2章「無意識を認識する方法」の第3節「分析論の検討」の中でこんなことを言いました。

> フロイトの精神分析の方法は、無意識をもっぱら意識によって抑圧されたものとみなすことから出発している。…（中略）…フロイトの分析が患者をベッドに横臥させて行なわれるのも、患者の「抑圧する意識」をできるだけ弱くして、無意識を現われさせる効果をもつからであろう。このような方法の根底にあるのは、無意識を意識の直接の反対物と見る見方であるが、それはすでにユングが再三指摘しているように、フロイトの考えていた無意識がもっぱら個人的無意識——意識によって抑圧されたもの——に限られていたからである。

それに対してユングが主として対象にしたのは先天的な集合的無意識であったために、それは決して意識にとっての直接の対立物ではなく、むしろそれは自我にとっては「絶対的な他者」（ガンツ・アンデレ）であった。したがってそれは必ずしも抑圧や検閲の対象になる必要はなく、恐怖の対象にはなるが、また逆に魅惑の対象ともなりうるものであり、いずれにしても全く理解できないと思われる「他者性」をそなえたものである。…（後略）…[(1)]

フロイトの関心が個人に集中していたのに対してユングの関心はむしろ人間の集団に向いており、人類学への貢献という点では断然フロイトを凌ぐものがあって当然と思われます。それでベネディクトはどうしたかというと、筆者の見るところでは主としてユングの考え方に従い、一部（たとえば日本の成人男性の心理的葛藤をロールシャッハ・テストの結果から解釈しているところ等）ではフロイトの考え方を取り入れています。これは『文化の型』と『菊と刀』を注意深く読めば分かることです。しかしそれにもかかわらず、ほとんどのアメリカの文化人類学研究者はフロイトの方ばかり見てユングを顧みようとはしません。

なぜそうなったのかは単純な問題ではありません。関連する事柄がいくつか考えられますが、その一つについて少々説明しておきましょう。それはユングが一時ヒットラーの協力者であったと信じる人が居るということです。しかしヒットラーが全体主義によって支配しようとした世界と、ユングの思想が存在する世界とが本質的に異なっていることを知る人ならユングとヒットラーとの関係を協力などとは考えないでしょうし、それによってユングの学問的偉大さが傷付くなどとは考えないでしょう。とは言っても、一度ユングの思想が全体主義的であるという印象を刻みつけられた人たちが受けた影響は深刻なようです。

ベネディクトが集合的無意識に注目したからといって、彼女が全体主義的主張をしたなどとは言えません。彼女の思考は個人主義がどうで全体主義がどうだというような問題が存在するところ、すなわち意識の領域とはまったく別のところに向いていたのです。しかしそういうことを大衆に理解させようとするとどんなことが起こったでしょう。人類学の専門家でさえ無意識に関する理解が乏しかったときにそういうことを試みると大衆は必ず誤解し、政治的意図を持った扇動者が加わって、1950年代にあったマッカーシー旋風のような強烈な排斥が彼女一身だけでなく恩師や同僚にも襲い掛かったでしょう。それは必ず彼女の学者としての生命を奪ったでしょうし、悪くすると肉体的生命さえ危うくしたかもしれません。少なくともアメリカに住んでいられなくなったであろうことは十分想像されます。こういう事情があったので、彼女は自分が考えている無意識については公言することを避けるしかありませんでした。

『菊と刀』に「無意識」という言葉が現れない理由はここにあります。しかし彼女がユング流の考え方を重んじた証拠は『菊と刀』を注意深く読めば探し出すことができます。その手掛かりの一つは第５章の冒頭にあります。彼女はそこに「先祖と同時代人の両方を包含する相互の負い目の巨大なネットワーク」の説明を掲げました。それは『菊と刀』の全体にとって非常に重要な役割を持っていますが、フロイト流の心理学ではどうすることもできません。そのネットワークが日本人の行動とどうかかわっているかを認識するには、どうしてもユング流の考え方をしなければならないのです。すなわち人間の意識と無意識を統合する自己（self）が非常にしばしば集団の構成員全員によって共有されるということを事実として承認しなければ、そのネットワークの存在と働きが理解できないのです。そしてそれが理解できなければ日本の恥の文化も理解できませんし、「恩」とか「義理」というような日本的な徳も、本当のところ――言い換えるとベネディクトが目指した水準――で理解することができません。したがって『菊と刀』は、文化人類学と心理学との結合などということを口にしながらフロイト流の考え方ばかりを尊重し、ユング流の考え方に見向きもしないような人には永久に解けない謎の書物ということになります。

＊注：(1) 林道義『無意識の人間学　－ユング心理学の視点から－』紀伊國屋書店（1981）pp.156-157。

(3) 祖父江は文化の型をどう捉えたか

祖父江は『文化とパーソナリティ』の第1篇第2章に「文化類型」という題名を掲げ、18ページにわたってpattern of cultureの解説をしました。それは次の6節から成っています。

1. 文化類型論のおいたち
2. サピア、ベネディクトの学説
3. ベネディクトの方法論
4. ミードの学説
5. ミード以後の諸研究
6. 国民性の問題

以下、この各節について、筆者の立場から見て看過しがたいと思われる事柄をピックアップして考察を加えます。

第1節「文化類型論のおいたち」によると、人類学の研究に「無意識」の概念を持ち込んだのはサピアです。彼は北米インディアンの言語の研究をするうちに言語の型が無意識的過程と強く関連していることに気付き、1927年に「社会における行動の無意識的型」という論文を発表しました。祖父江はこれについて「…人類学の論文において〈無意識的〉などという精神分析の用語が使われたのはこれが最初のことであり、また型（pattern）という概念がはじめてここに、彼によって人類学分野で提唱されたのであった」[(1)]と言いました。祖父江は、〈無意識的〉という語が精神分析の用語だと思っていたことを示しています。彼の眼中には分析心理学というものが存在しなかったのです。それから「…現代アメリカ文化人類学におけるいちじるしい特色としての心理学的傾向、心理学・精神医学とのいわゆる隣接諸学間の協力（interdisciplinary collaboration）という傾向は、実に彼によって創始されたのである」[2]（傍点は祖父江による）とも言っています。こういう記述を読むにつけても、筆者が前節で注意したこと――アメリカでは精神分析学がもてはやされる反面、分析心理学が顧みられないこと――が祖父江の視野に入っていないという点に対する注意を怠ってはなりません。そうすれば、彼が続けて言った「一方彼の弟子としてその影響を受けたベネディクトは、1928年に「アメリカ西南部インディアン文化の心理学的型（タイプ）」（傍点は祖父江）などの論文を発表、このあと1934年には有名な『文化の諸類型（patterns)』を出版し、ここに文化類型（culture patterns）という概念が確立されるにいたったものである」[3]という言葉に惑わされることはありますまい。彼の文中では「型」「類型」「パターン」および「タイプ」という語が乱雑に使われていますが、たぶん、彼の頭の中にはそれらの語を使い分ける指針としての「集合的無意識」の概念が無かったのでしょう。

第2節「サピア、ベネディクトの学説」では、まずサピアがインディアン諸部族の言語に内在する複雑な規則の例を説明してから、その無意識的規則と同じ原理が文化においても存在し得ることを主張したと述べました。その主要な部分は次のとおりです。

> …サピアはそれぞれの言語におけるこのような無意識的な規則の存在を強調し、更にこれから進んでそれぞれの文化の中には言語活動以外の面でも多くの規則があり、その文化内の住民は自身ではまったく意識することなしにこれらの規則に従うことによって文化的行動を営むことを指摘し、それぞれの文化内におけるこれらの規則を、文化の中における行動の型（pattern）と称したのである。つまり、一つの文化の中にはそれぞれその文化に固有な多くの行動の型があり（言

語活動における patterns、対人関係における patterns、宗教行動における patterns というように)、これらの型がそれぞれの文化の特質となってその中に住む住民のパーソナリティを決定するというのがサピアの主張でありいわゆる「文化とパーソナリティ」の理論は彼において言語学と精神分析学を出発点としてはじめられたのであった。(4)

サピアが言った 'pattern' は行動の型です。後にベネディクトは行動の型と文化の型とを区別しましたが、サピアがその区別を意識していたかどうかは明らかでありません。祖父江においても同様で、もう少し先で見る記述からも分かることですが、「行動」と「文化」との区別がはっきりしていないようです。現代でもしばしば見られるこの曖昧さは、精神分析学が無意識を扱うときに集合的無意識に注意を払わないことと関連しているように思われます。次に掲げる祖父江の言葉はその曖昧さのために彼がベネディクト著『文化の型』も『菊と刀』も理解できなかったことを暗示しています。

…一つ注意しておきたいのは、ベネディクトがここで使用している「文化の類型(pattern)」という語の意味についてである。これは前にサピアが使用している「型(pattern)なる語とは用法がいちじるしく異なっており、さらに同じベネディクトがのちに一九四六年に日本文化を研究してあらわした有名な『菊と刀』(一九四六)の副題「日本文化の Patterns」において使用している patterns という語とは、また異なっている(『菊と刀』のばあいには複数となっていることに注意)。…(5)

分析心理学に一指も触れたことの無い人がベネディクトの言葉使いに戸惑ったとしても、彼女が間違っているとか混乱しているなどと判断するのは正しくありません。祖父江はベネディクトが『文化の型』で単一の文化に対して pattern という語を単数形で用いたのに『菊と刀』では日本の文化に対して patterns という複数形を用いたことを指摘し、『文化の型』で論じられたものと『菊と刀』で論じられた「日本文化の型」とが異質であるかのような示唆をしましたが、無意識の世界に存在する日本文化の型が二つの相貌を持っていてはならないという理由はどこにも無いことに注意すべきです。それはあくまで人間の無意識の働きのパターンなのです。私たちはややもすれば型（pattern）という言葉から三次元あるいは二次元の物体または図形を思い浮かべ、話し言葉の発音とか抑揚のような目に見えないものさえ紙や黒板に書いて説明しようとしますが、無意識はそういうふうに扱うわけには参りません。無意識は本来言語化できないものです。そもそも言語は人間に意識されるものを分節する必要から生まれてきたものです。人間の知的能力が進歩するにつれて直接知覚することのできない抽象的観念なども言語化されましたが、とにかく言語で表現できるのは何らかの手段によって意識されるものです。意識されないものはもともと言語の本質と矛盾するもので、通常は言語化できません。

そういうわけですから祖父江が先述の文に続いて書いた約 2.5 ページの文には何の価値もありません。そこに名の出ている人物のうちで、無意識は本来言語化できないものだと心得ていたのはベネディクトだけでした。そして彼女は狂信的保守主義者からの攻撃を避けるために、自分がその心得を持っていることが目立たないようにしていたのです。その他の人たちはまるで真っ暗な部屋の中を手探りするように、自分の限られた知的能力で得られた断片的な知識をつなぎ合わせて、ああだろうか、こうだろうかと思案していたのです。しかし彼らの前にあったのはそんなことで何とかなるほど生易しい問題ではありませんでした。

＊注：(1) 祖父江（既出）p.45.
　　　(2) 同上。
　　　(3) 同上。

(4) 同書 pp.46-47.
(5) 同書 p.48.

(4) 方法論

第3節「ベネディクトの方法論」の冒頭に次の段落があります。

> ベネディクトの方法論の特徴は、各文化についての民族誌的データを総合して、その中を通じて流れている本質的なものを自分の直観によってつかみ出すところにあった。換言すれば、後の時代におけるミードやその後の「文化とパーソナリティ論」の調査者がおこなっているようにこまかい観察や組織的な面接調査などを積み上げていくのとは異なり、直感を用いて大づかみにエトスを把握するわけであり、この点におけるベネディクトが人類学者であると同時に詩人であり、鋭い詩人的直観を持っていた事実を忘れてはなるまい。しかし、このような方法論に頼る以上、必然的に問題となるのはベネディクト自身の主観がはいってきうる可能性の大きいことであり、この点に関してははなはだ多くの批判が寄せられたのであった。いまその中で最も問題となったズニ族のばあいについて考えてみよう。[1]

言うまでもなくこれは第2節「サピア、ベネディクトの学説」を前提として書かれており、その限りでは信じるに足りません。しかしベネディクトの研究方法が当時一般に認められていた方法とどう違っていたかという点については、ここから不十分ながらある程度の情報を得ることができます。すなわち当時のオーソドックスな方法としては「こまかい観察や組織的な面接調査などを積み上げていく」ことが認められていたのに対して、ベネディクトの方法は「直感を用いて大づかみにエトスを把握する」ものに見えたということです。多くの研究者はここで「ベネディクト自身の主観がはいってきうる可能性が大きい」と思って、そこに危惧を感じました。しかし彼らの思ったことが本当にベネディクトの方法であったとは言えません。なぜなら批判した人たちはベネディクトが分析心理学（ユング心理学）の視点を採っていたことを知らなかったからです。

ここで言われている「エトス」というのは、先ほど「何の価値もありません」として説明を省略した箇所に出てくる言葉で、人の行動を最高度に抽象したものということにされています。祖父江はそれがベネディクトの言う「文化の型」に相当すると考えました。しかしそれは高度に抽象したとはいっても、その本質はあくまで行動そのものから離れていません。それゆえ、そのエトスは行動をコントロールするものではあり得ません。そしてそれは時代を超越して長期にわたって一定であることも、環境を超越してどこへ行っても一定であることもできません。ベネディクトの言う「文化の型」はそんなものではなく、時代も環境も超えた「〇〇人らしさ」を支えるものなのです。それを知るために彼女がどういうことをしたのかは、たとえば本書の序章1節に掲げた‘As a cultural anthropologist…’で始まる引用文に書かれているように、それまで誰も考え付かなかった方法による研究です。彼女は『菊と刀』の第1章で確かにこう言いました。

I read this literature as Darwin says he read when he was working out his theories on the origin of species, noting what I had not the means to understand. …… What would I need to know to understand it? (2)

私はこの文書類をダーウインが種の起源の理論を築きあげたときにしたと言っているように、理解する方法がまだ手に入っていないものに注意を払いながら読んだ。……それを理解するために何を知らねばならないのか。

今しがた言及した序章1節の引用文にある'the way'への注目は「それ（文化の型）を理解するために何を知らねばならないのか」という問題に対する一つの答なのです。それは誰もまだ一度も実行したことのない方法でした。

精神分析学を知っただけで人間の無意識が十分解ったつもりになり、ベネディクトが「理解する方法がまだ手に入っていないもの」に挑戦していることに気が付かないような人が、「このような方法論に頼る以上、必然的に問題となるのはベネディクト自身の主観がはいってきうる可能性の大きいことであり、…」などと言ったからとて少しも気にする必要はありません。祖父江の認識にこういう本質的な誤りがある以上、第3節に関してこれ以上何を述べても無駄です。

第4節「ミードの学説」と第5節「ミード以後の諸研究」では、1920年代から1950年代にかけて文化類型に関する研究にある程度の進歩があったことが述べられています。しかしそれらはいずれも精神分析学を足場とするものであり、いくら精力的に推進したところでベネディクト1人の業績を超えることさえ期待できないものでした。

第6節「国民性の問題」では第二次大戦中から冷戦期にかけてアメリカで行われた研究、とくに現地調査のできない研究のことが述べられていますが、筆者が特に傑出したものと見る『菊と刀』については、通り一遍の賛辞があるものの、むしろ批判の言葉が目につく記述になっています。批判者たちが指摘した『菊と刀』の欠陥の主なものは次の3点です。

①日本人内部における変異――階級差、職業差、年齢差等々による――をまったく顧慮しておらず、統計的考慮が払われていない。
②あまりに安易で図式的な精神分析的解釈に頼っており――たとえば日本人が儀礼的であるのを早期の肛門訓練（トイレットトレーニング）に帰するなど――歴史的な顧慮、政治、経済学的顧慮が

払われていない。

③明治時代にアメリカへ移住した日本人について研究しているため、当時の日本人の国民性を現在のものとして扱っている。歴史的変化が考慮されていない。

筆者の眼にはこの三か条がことごとく的はずれに見えます。ベネディクトは、世代を超え、歴史を超え、環境を超え、政治権力の交代や社会的、経済的変動を超えて、日本人が心の底に保存している変わらぬ日本人らしさを追求したのです。たぶん、精神分析学者たちは集合的無意識に関心を持たないのでそれに気が付かなかったのでしょう。それにしても「統計的考慮が払われていない」などと、まるで「私は『菊と刀』の第1章を読まずに批評をしています」と言うに等しい妄言を吐くとは、驚くべき厚顔と言ってもよいのではないでしょうか。そういうセンスであれば『菊と刀』の第12章にあるトイレットトレーニングのことを「あまりに安易で図式的な精神分析的解釈」などと、己の尺度に合わせた解釈をしているのも不思議ではありません。詳しくは拙著『「菊と刀」の読み方――未来の文明のために』の第12章[3]を見ていただきたいと思いますが、ベネディクトが言いたかったのは第3章で言われた日本人の秩序と階層制度を尊重する態度の根源としての刷り込み（『菊と刀』第9章および上掲拙著第12章参照）がトイレットトレーニングにおいて行われるということであり、重要なのはそれに際して「神」は登場せず、強制を加えるものが人間であることが最初から子供に知られているという点なのです。

＊注：(1) 祖父江（既出）pp.50-51
(2) Benedict（1954）p.7.
(3) 森貞彦『「菊と刀」の読み方』東京図書出版（2015）pp.246-251.

(5) この節のまとめ

要するに祖父江は、他の研究者と同様、頭が固かったのです。彼らはベネディクトが当時のすべての学者、研究者の方法論から飛び離れたことをしたときに、それの本質を見抜くことも価値を認めることもできませんでした。

ベネディクトの方では、それをあからさまにすると学識も、教養も、市民としての節度も無いのに声を張り上げて政治的に動くことだけは巧みな連中から理不尽な攻撃をされる恐れがあるので、うっかり本当のことを口外できないという事情を抱えていました。それで頭の固い研究者でも理解できることを前面に出し、高度に学問的な本当のことはまるで巨大なパズルのような巧妙な表現の奥に鎮座させたのです。

2．作田啓一

「恥の文化再考」における本質的誤解

(1) ここで採りあげる問題

ここに採りあげるのは作田啓一（1922－2016）著『恥の文化再考』[(1)]という本の全体ではなく、その本の冒頭に掲げられた「恥の文化再考」というエッセイです。その本には11編のエッセイが含まれていますが、その一編を見るだけで『菊と刀』に対する彼の本質的誤解を知ることができますので、それ以外の10編には触れません。

『菊と刀』はずいぶんいろんな意味で誤解された本ですが、「恥の文化」は2番目に大きい誤解を受けた言葉と言ってもよいでしょう。最大の誤解は「文化の型」が蒙りましたが、この語はその本の副題（日本文化の型）の中にあるだけで、本文の中には一度も現れませんし、世間で使われる頻度となると「恥の文化」には遠く及びません。それで「恥の文化」という言葉は、あたかも『菊と刀』が受けた誤解の大部分を担っているような格好になっています。

ここにその誤解のことを採りあげるのは、ポップカルチャーの水準のこととして軽く見るわけには行かない問題があるからです。筆者の眼には明らかに誤解と見えるものが、半世紀もの間一流の学者によってあたかも学問上のシリアスな理解であるかのように扱われ、しかも学識のある人たちが1人もそれに異議をとなえないという状況がほとんど常態になっていたのです。そこには一つの秩序があったと言うことができます。筆者にはその秩序が間違った前提の上に組み立てられているものとしか考えられません。本書はその前提の間違いを指摘するものです。

＊注：(1) 作田啓一『恥の文化再考』筑摩書房（1967）。

(2) 基本的テーマの捉え方

「恥の文化再考」の最初の段落を見ましょう。

西洋文化圏を特徴づける基本的テーマが内面的な〈罪の文化〉であるのにたいし、日本の社会は外面的な〈恥の文化〉によって貫かれている。R・ベネディクトによるこの対照図式には、内外の日本社会研究者たちからさまざまな反論が寄せられた。これらの反論はすべて、歴史的に発展し、階級・階層・地域の分化を含むところの複雑な社会を、単一なテーマでとらえようとする方法の素朴さに集中している。反論はもっともだが、直観的にとらえられたこのゲシュタルトは、民族的個性をまず浮き彫りにしてみせるという点でやはりたいへん有効であるように思える。私がベネディクトに組しえないのは、方法の素朴さのためではなく、描かれたゲシュタルトが〈恥の文化〉の反面しか覆っていないからである。

終わり近くにある「反面」は間違いでしょうが、そのままにしておきます。それはともかく、この段落には複数の誤認が入り込んでいます。その中で最も顕著なのは最後のセンテンスで言われていることで、本節は主としてその誤認を指摘し、正すことを目的として執筆されているのですが、その前に言うべきことが若干あります。順を追って述べましょう。

いったい、ベネディクトは「西洋文化圏を特徴づける基本的テーマが内面的な〈罪の文化〉であるのにたいし、日本の社会は外面的な〈恥の文化〉によって貫かれている」と言ったでしょうか。違います。それは作田の恣意的な解釈にすぎません。彼女が恥の文化と罪の文化に関して言ったのは、この本の序章3節に掲げた'In anthropological studies of different cultures the distinction between those which rely heavily on shame and those that rely heavily on guilt is an important one.'と'True shame cultures rely on external sanctions for good behavior, not, as true guilt cultures do, on an internalized conviction of sin.' です。「西洋文化圏を特徴づける基本的テーマが内面的な〈罪の文化〉である」とか「日本の社会は外面的な〈恥の文化〉によって貫かれている」などという断定的な表現はどこにもありません。むしろ『菊と刀』の第10章で、罪の文化と恥の文化の説明に入る少し前のところで述べられている若干の事例は、日本人がしばしば罪悪感を持つけれども社会のサンクションがそれを抑圧し、実際に行われる行動は結局恥辱感を重んじる方に傾くということを示唆しています。これがベネディクトの言う「恥辱感を大いに信頼する」ということなのですが、「外面的な〈恥の文化〉によって貫かれている」などと言うと、日本人の心の内に起こる微妙な、そして全体としての文化を見るときに無視できない過程を踏みにじる表現になってしまいます。作田はこういう重要な事柄を無視して論を進めようとしました。ひどい話です。

それから「歴史的に発展し、階級・階層・地域の分化を含むところの複雑な社会を、単一なテーマでとらえようとする方法の素朴さに集中している」という低劣な反論を、いとも簡単に「もっともだ」と評していますが、それはずいぶん思慮の乏しいことです。ベネディクトは『菊と刀』の第1章で産業革命の前後にわたるイギリスの歴史を例に引いてこう言いました。

> …England did not lose her Englishness because an Age of Elizabeth was followed by an Age of Queen Anne and a Victorian Era. It was just because the English were so much themselves that different standards and different national moods could assert themselves in different generations.(1)
>
> …エリザベス時代に続いてアン女王の時代があり、そしてビクトリア時代があったがイギリスはイギリスらしさを失わなかったではない

> か。それは、イギリス人がおおいに彼ら自身であり、その限度内でそれぞれの世代が異なった基準と異なった国民的気風をはっきりさせることができたからである。

どこの国にもその国民の本来の性質があり、その限度内で（were so much themselves）それぞれの世代が異なった基準と異なった国民的気風をはっきりさせることができたのです。ベネディクトは決して歴史的発展とか階級・階層・地域の分化というようなことを考えに入れないような愚かな学者ではありません。落ち度はむしろ上に掲げたような手掛かりを見ることができなかった反論者の方にあります。

ベネディクトが『古事記』からも、『勧進帳』からも、『坊っちゃん』からも、そのほか日本史の全時代、日本のすべての地域、日本人のすべての階層にわたる資料を集めながらそれらを貫く「日本人らしさ」を見失わなかったのは、本書の序章で指摘された'the way'に注目する研究方法の成果に違いありません。それは決してゲシュタルトを直観的に捉えたのではありません。

そして筆者が最も顕著な誤認と考える最後のセンテンスがあるのですが、それについては項を改めて話しましょう。

＊注：(1) Benedict (1954) p.15.

(3) ベネディクトは何の研究をしたのか

冒頭の段落の最後のセンテンスは、それだけを読んでも何のことかよく分かりませんが、次の段落を読めば作田が何を言いたいと考えたのかが分かります。それを見ましょう（傍点は原文のとおり）。

> 恥とは何か。それは「他の人びとの批評に対する反応である。人は公開の場で嘲けられたり、また拒否されたりすることによって、ある

いはこっけいもの扱いにされている自己自身を想像することによって恥じる。どちらの場合も、恥は強い制裁である。だが恥の場合には、他人がい合わせるとか、少なくとも他人の存在を想像することが必要である」（長谷川訳『菊と刀』社会思想研究会出版部）。それではわれわれが他人の賞賛の的となっている場合、その他人の注視（現実の、あるいは想像上の）にたいしてしばしば経験するいたたまらない感じは、恥の反応ではないのだろうか。われわれが恥を感ずるのは他人の拒否に出あったばあいだけではない。拒否であろうと受容であろうと、われわれは他人の一種特別の注視のもとにおかれた時に恥じる。公開の場の嘲りにたいする反応に、ベネディクトはこだわり過ぎた。それは恥のひとつのケース、公恥（public shame）と呼ばれる側面にすぎない。だが公恥が目立ったショッキングなケースであるとしても、それはやはり一つの側面である。日本文化を〈恥の文化〉と規定する以上、賞賛される恥やその他の多様な現象形態にも適用されうる恥の概念を構成する必要がある。いいかえれば、いっそう基底的な層において、恥をとらえなければなるまい。(1)

これはそのエッセイのアブストラクトと言っても良いような文です。これだけ読めばこのエッセイの最大の問題点を知ることができます。手短に言えば、作田は「恥」という言葉（記号）に目を奪われてベネディクトが何を研究したのかを考えなかったのです。恥の文化と罪の文化はベネディクトによって発見されたのですが、彼女はあくまで文化の型を研究したのであり、恥または罪を研究したのではありません。作田はそこを取り違えたのです。

ベネディクトが発見したものにどんな名前を付けようと、それによって発見されたものの本質が決まるわけではありません。たとえば恥の文化と罪の文化の一方を「黄文化」と呼び他方を「紫文化」と呼ぶことも可能ですが、そういうことをしても両者の本質は影響を受けません。ですから「日本文化を〈恥の文化〉と規定する以上、賞賛される恥やその他の多様な現象形態にも適用されうる恥の概念を構成する必要がある」という主張はナンセンスです。それは、1895年にレントゲンによって発見された一種の放射線をX線と呼ぶことに対して「Xの概念を構成する必要がある」とか「いっそう基底的な層において、Xをとらえなければなるまい」と言って無意味な難癖をつけるのと少しも違いません。

『菊と刀』は、ベネディクトが日本文化の型を研究した結果を人々に知らせるために書かれた本です。「恥」とか「罪」という記号にこだわっていると大事なことを見落とします。人々の考え方や行動には、ちょっと見ただけでは恥辱感を大いに信頼しているのか罪悪感を大いに信頼しているのか見分けにくい場合が非常にしばしばあります。だからこそベネディクトが手を付けるまで、誰もその区別を問題にしなかったのです。彼女が『菊と刀』の第1章で触れた「誰が誰にいつお辞儀をするか」ということもそうですし、同じ章にある「日本人は自己をさらけ出すのが好きであった」ということもそうです。こういう一見単純な、それでいて日本人独特の習慣や性癖は、『菊と刀』の第5章の冒頭で説明された「先祖と同時代人の両方を包含する相互の負い目の巨大なネットワーク」を視野に入れて恥の文化を考えることによって初めて疑問の余地なく理解することができるのです。ベネディクト以前にラフカディオ・ハーンとかパーシヴァル・ローウェルといった頭脳明晰でしかも永年にわたってこの国に滞在した日本研究家が居たのに彼女ほどの成果を挙げることができなかったのは、こういうことに気が付かなかったからです。彼女にして初めてそれが可能になったのは、彼女がすでに文化人類学の分野で20年を超える研究生活をして多数の部族や国民の習慣に精通し、その上分析心理学を尊重する学者であったことが役に立ったのに違いありません。

ベネディクトの業績を知ってそれを現実の日本人の行動を理解することに応用しようとするならば、本書の序章に掲げられた文化の型に関する諸事項を忘れてはなりません。それが了解されるならば、「恥」という語が一度も出てこない長い文によって記述される行動が恥の文化を反映している場合があることも分かるでしょう。本書にその例がいくつも収められているのはすでに読者がご存じのとおりです。

エッセイ「恥の文化再考」は、文化人類学あるいは比較文化論の論考と見るべきものではありません。それゆえ『菊と刀』への批判を暗示するそのタイトルこそ再考されるべきです。

3. 三島由紀夫

民衆を忘れた「文化防衛論」

(1) 時代背景

三島由紀夫（1925－1970）の評論「文化防衛論」は1968年7月に『中央公論』誌上に発表されました。それは東京オリンピックの4年後、大阪万博の2年前で、日本の高度経済成長期の真只中であると同時に、アメリカを中心とするいわゆる自由世界と、ソ連を中心とする共産圏との間の40年余に及んだ冷戦の最中でもありました。その戦争は、アメリカとソ連が直接砲火を交えなかったという意味では冷たい戦争でしたが、両陣営の間ではしばしば局地戦がありました。東アジアでの大きい動きだけでも、中華人民共和国の成立（1949年)、朝鮮戦争（1950－1953年）およびベトナム戦争（1954－1975年）が挙げられます。朝鮮戦争は引き分けに終わったものの中国大陸では明らかに共産主義勢力が勝ち、ベトナム戦争では当時アメリカ軍が泥沼にはまり込んだような状態でした（後にアメリカ軍は撤退を余儀なくされました)。このような情勢を反映してわが国でも社会主義あるいは共産主義を掲げる政党が現在とは比較にならないほど活気を帯びていて、1960年の安保闘争を頂点とする激しい大衆行動を組織し、国会でも議席の三分の一を占めるほどの勢力を保っていました。「文化防衛論」を読むときには、こういう時代背景を忘れることはできません。

ここでテキストとして参照するのは、『三島由紀夫全集第33巻』（新潮社、1976年）に収録されたものです。なお、引用文では漢字は常用漢字に書き換えますが、仮名は原則として原文のとおりとします。

(2) 文化の型に対する無理解

「文化防衛論」の全体の分量は約2万9千字で、次の8つの節から成っています。

1. 文化主義と逆文化主義
2. 日本文化の国民的特色
3. 国民文化の三特質
4. 何に対して文化を守るのか
5. 創造することと守ることの一致
6. 戦後民族主義の四段階
7. 文化の全体性と全体主義
8. 文化概念としての天皇

これらの全体を通じて数回「菊と刀」という言葉が現れます。しかもその大半にはかぎ括弧が付いています。それは、三島が『菊と刀』をすでに読んでいたことを暗示しています。しかし筆者の見るところでは、そこには大きい問題があります。それがどういう問題であるかは、その言葉が初めて現れる箇所（最初の節「文化主義と逆文化主義」にある二つの連続した段落）を見るだけで分かります。

> 日本文化とは何かといふ問題に対しては、終戦後は外務官僚や文化官僚の手によってまことに的確な答が与へられた。それは占領政策に従って、「菊と刀」の永遠の連環を絶つことだった。平和愛好国民の、華道や茶道の心やさしい文化は、威嚇的でない。しかし大胆な模様化を敢えてする建築文化は、日本文化を代表するものになった。
>
> そこには次のやうな、文化の水利政策がとられてゐた。すなはち、文化を生む生命の源泉とその連続性を、種々の法律や政策でダムに押し込め、これを発電や灌漑にだけ有効なものとし、その氾濫を封じることだった。すなはち「菊と刀」の連環を絶ち切って、市民道徳の形成に有効な部分だけを活用し、有害な部分を抑圧することだった。占

領政策初期にとられた歌舞伎の復讐のドラマの禁止や、チャンバラ映画の禁止は、この政策のもっともプリミティヴな、直接的なあらはれである。

華道や茶道が「菊」の側にあり、復讐のドラマやチャンバラ映画が「刀」の側にあると考えられていることが分かります。前者は心やさしいものであり、後者は威嚇的なものだというわけです。こういう見方は本の新聞広告を見ただけでその本を読んだようなふりをするのと同じで、真面目に批判することさえはばかられるものです。[(1)] しかし現に名の通った文化人が広く読まれている総合雑誌にこういう文を含んだ評論を寄稿し、しかもそれを高名な学者が論文に引用するということが起こっている以上無視するわけには行きません。それで三島の過ちの根本にあるものを一つだけ指摘しますが、彼は「文化の型」とは何であるかを少しも理解していなかったのです。そしてそれは、当時の世界中の専門家および非専門家のすべてに共通する問題点でもあったのです。

＊注：(1) ここに「新聞広告」という語があるのは『朝日新聞』1948年12月12日付朝刊1面に掲載された『菊と刀』（社会思想社刊）の広告を指す。そのコピー「菊の優美と刀の殺伐に象徴せられる日本人の性格や生活の矛盾――この謎を衝く世界的に問題の著――文化人類学は貴下に何を教えるか――」がたいへん印象的であるために『菊と刀』の内容が日本人の性格と生活を優美と殺伐という相矛盾する両面において論じたものだとする誤解が広がってしまった。その誤解は庶民ばかりでなく、学者、研究者、文化人等の間にも広く、深く浸透した。

(3) 文化の型はソフトウエアと見ることができる

思い切り簡単に言ってしまうと、文化の型は一種のソフトウエアです。それは、人間の頭脳を一つのコンピューターシステムになぞらえたときに、そこに入ってくる情報を取捨選択したり変形したりして、その脳の持ち主が一定の型に沿った思考と行動をするように導くソフトウエアです。もっとも、こんな簡単な言い方では文化の型のことを正確に規定したことになりません。しかし次のように考えるのは、比喩としては役に立つことです。人間の思考と行動の型の大部分は人類の全体に共通です。たとえば空腹を感じたら食物を摂ろうとするというようなことは、どこの国の人でも同じです。それゆえそのコンピューターのソフトウエアの大部分はすべての人に共通ですが、たとえば日本人とアメリカ人の間では部分的に違うところがあるのです。そのために、『菊と刀』の冒頭に書かれているように、互いに相手のことを「最も気心の知れない」人間と思ったりするのです。

ここで注意すべきことの一つは、そういうソフトウエアのことを意識する人は居ないということです。そしてもう一つは、生まれる前に出来上がるソフトウエアはおおむね万国共通であるけれども、生まれた後に出来上がってくるものは社会の影響を受けるということです。前者があるから赤ん坊は人間になるのですが、彼または彼女が日本人になるのは後者を日本人の社会で形成するからであり、アメリカ人になるのはアメリカ人の社会で形成するからです。誰もそういうことを意識しませんが出来上がったソフトウエアは違っているので、たとえば西洋人の真面目な観察者が日本人のことを書く際に「しかしまた」を連発し、『菊と刀』の第10章の終わり近くに登場するミス三島は、アメリカへ行ったときに「まるでテニスの名手がクロッケーの試合に出た時のような感じがした」のです。

文化の型を考えるときにもう一つ重要なことがあります。先ほども言ったようにそれの機能は感覚器官を通じてもたらされる情報を取捨選択したり変形したりすることですが、それは通常誰にも（本人にも）分からないままに行われ、結果としての行動だけが人に知られる形で現れるのです。それゆえ、たとえば天皇家が有史以前から現代まで存続しているというようなことだけで文化の型を論じることはできません。それは結果として現れたことであって、その結果をもたらすために無意識の中でどういう処理が行われたかを探り出さねば文化の型を見極めることはできないのです。それで、一見無関係なような種々様々なデータを突き合わせ、それらがどういうすじ道を経てあるパターンの行動をもたらすかを追究しなければならないのです。ベネディクトは実際にそういうことをして成功したのですが、三島が「文化防衛論」を書いたときにそういう研究方法のことを理解していた形跡はまったくありません。その彼が「菊と刀」という言葉を使ったとしても、何となく格好よく見えるだけで、ベネディクトの業績とは何の関係もありません。そういうわけで、ここでは「文化防衛論」の中に出てくる「菊と刀」という言葉は問題にしません。しかしそれでもなお、その評論には『菊と刀』を考察する者として興味を感じる事柄があります。

(4) 三島の言う「文化」とは何か

三島が「文化防衛論」で言おうとしたことを煎じ詰めると、全体主義的政治勢力が日本を支配して日本文化の伝統を破壊することを防止するために天皇と自衛隊との結びつきを強固にすべきであるというのです。全体主義は左翼の場合も、右翼の場合もあり得ますが、当時三島が間近に迫りつつあると考えたのは共産主義勢力です。彼はそれを文化的伝統に対する脅威と見て、それに対抗するには力が不可欠であるとしたのです。もちろん、こういうことを人に納得させるには順序を踏んだ説明が無ければならず、そのために8つの節からなる評論が書かれたのです。

こういう主題について論じるとき、まず問題になるのは文化とは何かということです。三島はこれに直接答えていませんが、「日本文化の国民的特色」の節にそれに関連する文があります。そこにはその国民的特色を述べる三か条があり、その第一条の前半は次のとおりで、これを見れば三島が一般的な意味での「文化」をどう考えていたかが分かります（傍点は原文のとおり）。

第一に、文化は、ものとしての帰結を持つにしても、その生きた様態においては、ものではなく、又、発現以前の無形の国民精神でもなく、一つの形（フォルム）であり、国民精神が透かし見られる一種透明な結晶体であり、いかに混濁した形をとろうとも、それがすでに「形」において魂を透かす程度の透明度を得たものであると考へられ、従って、いはゆる芸術作品のみでなく、行動及び行動様式をも包含する。文化とは、能の一つの型から、月明の夜ニューギニヤの海上に浮上した人間魚雷から日本刀をふりかざして踊り出て戦死した一海軍士官の行動をも包含し、又、特攻隊の幾多の遺書をも包含する。源氏物語から現代小説まで、万葉集から前衛短歌まで、中尊寺の仏像から現代彫刻まで、華道、茶道から剣道、柔道まで、のみならず歌舞伎からヤクザのチャンバラ映画まで、禅から軍隊の作法まで、すべて「菊と刀」の双方を包摂する、日本的なものの透かし見られるフォルムを斥す。文学は、日本語の使用において、フォルムとしての日本文化を形成する重要な部分である。

「斥す」という言葉は古風ですが「指す」と同じ意味と考えてもよいと思います。また「……すべて「菊と刀」の双方を包摂する」という句がありますが、それが無意味であることはすでに述べたとおりです。

それはともかく、筆者はここに問題があるのを看過できません。どうやら三島は「文化」の範囲を思い切り広く取ったつもりでいたようですが、ベネディクトが『菊と刀』で取り扱った材料から見るとずいぶん狭く限定されたものにしか触れていません。これは、ベネディクトと三島の考え方の間に本質的な違いがあることを暗示しています。その違いは、ベネディクトにおいては文化の型が考察の基礎をなしており、三島においてはそれが全然考えに入っていないということに由来しているのです。三島は上の文で明らかに「いはゆる芸術作品のみでなく、行動及び行動様式をも包含する」ということを言いましたが、そこまで考えていながら文化の型に考え及ばなかったのは大きい落ち度と言うべきです。もっとも、当時そこまで考えることのできる人が居なかったというのも事実でしょう。しかしそれは当時の知識人たちがそろって大きい落ち度を共有していたということであって、三島の考え方が正しかったということではありません。

(5) 三島の言う「国民精神」について

三島が「国民精神」という言葉を使っていることに注意しましょう。深く考えないとそれがベネディクトの言う「文化の型」と同じあるいは類似のものだろうと思われるかもしれませんが、本当は全然違います。それは恣意的なもので、そこに観察者の主観が入り込むことを避けることはできません。観察者が予め国民精神とはこういうものだと考えていなければそれを識別することはできないのです。三島が予め日本の国民精神は斯く斯く然々のものであると考えていたから能の型や、人間魚雷で単身敵地に乗り込んだ軍人の行動や、特攻隊員の遺書や、源氏物語や、現代小説や、万葉集や、前衛短歌や、仏像や、現代彫刻や、華道や、茶道や、剣道や、柔道や、歌舞伎や、チャンバラ映画や、禅や、軍隊の作法等の中にそれを見たのです。それにもかかわらず「国民精神」に対する説明はありませんから、三島が言ったことに誰かが異議を申し立てたとしても、「いや、君の言うことは違っている。君は日本の国民精神を理解していないのだ」というような言い逃れが可能です。これではまともな議論になりません。

三島は、ベネディクトが扱った材料のうちのあるものには日本の国民精神を認めませんでした。すなわち男たちが人目をはばからずに遊郭に出入りしたこととか、農村青年の間に夜這いの風習があったこととか、日本の捕虜収容所の看守たちはアメリカ人捕虜が外部から食物を持ち込むことを公然とやれば厳しく罰したけれどもこっそりすれば偶然露顕してもとがめなかったこととか、米軍に捕らえられた日本兵の中に自軍の機密を易々と供述した者が少なからず居たこととか、兵営内では激しい初年兵いじめが半ば公然と行われたこととか、主君に侮辱された武士がしばしば謀反をしたこととか、労働者が単独でする作業の能率は競争相手があると１人でする場合より低下することとか、先祖を供養すると言っても五代も十代も遡った先祖のことはまるで考えもしないこととか、孔子の教えを一面では尊重しながら「仁」という最高の徳は極度に零落させてしまったこととか、軍人勅諭の中の私情の信義を守ることを禁じるくだりは事実上空文になっていたこと等々は彼女が注目した沢山の事柄に明らかに含まれていますが、三島の言う「国民精神」に含まれているとは考えられません。しかしながらこれらの事柄もまた日本人らしさの要素に違いありません。三島が認めようと認めまいと、これらは日本文化と深いかかわりを持っている、いや、むしろ日本文化の細部（details）をなしているのです。

『戦場のメリークリスマス』という映画をご覧になった方は覚えて居られるでしょうが、坂本龍一が、剣道の達人であり、天皇への忠誠心に凝り固まったような人でもあるヨノイ大尉を演じています。仮に三島が生きていてそれを見たとしたら、その大尉こそ日本の国民精神を体現する者であると言ったでしょう。しかし同じ映画に登場するところの、軍紀をくぐりぬけて要領よく世渡りをする俗物そのものという感じのハラ軍曹（演者はビートたけし）のことを同様に評価したかどうかは疑問です。おそらく彼は、日本の国民精神はそんな下劣なものではないとか何とか言って、ハラ軍曹の日本人らしさを認めようとしなかったでしょう。しかしながらその軍曹の行動もまたすこぶる日本的であることを認めなければ、その映画を全体的に評価することも批判することもできません。その軍曹のような人物もまた典型的日本人であり、そういう人たちに支えられなければ三島が認める日本文化も、「みやび」も存在し得ないのです。

なぜなら、日本の文学も、演劇も、造形芸術も、武道も、宗教も、その他いろいろな活動も、ハラ軍曹のような人物を含む多くの日本人が当たり前と思うことを逸脱しては成り立たないからです。宮廷が存在し得るのも、皆がそれを何となく有り難く尊いものと思うのが当たり前で、いつも、少しも疑問を感じないからです。もし民衆がそう思わなければ、社会が疲弊しきったときに、中国の歴史の中で何度も起こった革命とか、あるいはフランス革命やロシア革命のようなことが起こります。長い日本の歴史の中では社会が極度の疲弊に陥ったことが何度かありましたが、千数百年にわたってそういう革命は一度も起こりませんでした。民衆は暗に宮廷とその中心人物である天皇の存在を肯定したのです。この事実が無ければ、三島がたいへん重視した「みやび」も何もあったものじゃありません。ハラ軍曹の精神が下劣で日本の国民精神とは違うと考えたとすれば、それは矛盾です。彼の一見狡猾で理不尽な行動も、ベネディクトの言う「文化の型」の水準まで掘り下げれば、ヨノイ大尉の武士道精神と共通する人生観に逢着するのです。

その大尉のような人物と、その軍曹のような人物とが共に典型的な日本人であるということこそ、ベネディクトが『菊と刀』の中で最初に提起した問題なのです。『菊と刀』を少しでも読んだ人なら次の文に見覚えがあるでしょう。

> 困難は大きかった。日本の閉ざされた門戸が開放されて以来七十五年の間に日本人について書かれた記述には、世界のどの国民についてもかつて用いられたことのないほど奇怪至極な「しかしまた」の連発が見られる。

こう言ってから彼女は、たとえば礼儀正しさとか、新しい事柄への順応性とか、従順さとか、寛容性とかいったいろいろな性質についての、日本人に対する西洋の真面目な観察者たちの見解が極端に分裂していることを述べました。ベネディクトはこれを問題提起として受け止めたのです。分裂した見解のどちらかが間違っているのかもしれないし、また両方とも正しいのかもしれないということが最初に読者の前に示された問題なのです。『菊と刀』の全体を通じてそれが追究されたのですが、結果は両方とも正しかったのです。

ベネディクトが追究したのは日本文化の型でした。それは、三島が考えた日本の国民精神とは別のものです。それは、「能の一つの型から、……禅や、軍隊の作法等」を透かして見て日本的なものを探索するだけで分かるようなものではありません。

「文化防衛論」が文化を論じた評論として傾聴に値するかどうかということについては、これ以上言うことはありません。明らかにそれは取るに足らぬ迷論です。

4. C・D・ラミス

『内なる外国』に見られる過誤

(1) はじめに

ラミス（Charles Douglas Lummis、1936－）はカリフォルニア大学バークレー校でPh.D.の学位を得たアメリカ人で、専攻は西洋政治思想史です。彼は、海兵隊将校として日本に駐在したときにふとした機会から『菊と刀』を知り、当初はそれを熱心に読んだけれどもやがて疑問を感じてそれに対する激しい批判をするようになりました。それがこの『内なる外国』の中で述べられているのですが、全編がそれにあてられているのではありません。この本は次の3部（いずれもエッセイ）で構成されており、『菊と刀』に対する批判はその第2部に収められています。

第1部　国境
第2部　日本文化への墓碑銘―ルース・ベネディクト再考
第3部　内なる外国

ここでは第2部だけを採りあげます。なおテキストは時事通信社刊『内なる外国』（1981）です。

(2) ベネディクトは政治的変心をしたか？

ラミスは第1章「出会い」で、ベネディクトの著書『文化の型』についてこう述べています。

　ベネディクトの名は『文化の型』の著者として知っていた。それは米国の大学のリベラル派に長年の間圧倒的影響を与えてきた本である。『文化の型』は政治意識というものをまったくもたずに大学に入ってきた一、二年生に、はじめてその種をまいてきたきわめて重要な著書なのだ。この本は、アメリカのおおかたの高校教育に特徴的にみられる反動的愛国主義と真っ向から対立し、しかもしっかりした科学的基盤に立って、異文化にたいする寛容の必要性を説いているようにみえる。そのうえ、『文化の型』という本は、ルース・ベネディクトのすべての著書がそうであるように、美しい、しかも精神を高揚させる散文体で書かれている。私は最近もう一度これを読み返してみたのだが、読む者の眼を開かせるだけの力と内容をもっていることを再認識した。(1)

筆者はこれに対して異論を立てようとは思いません。『文化の型』という本に対するラミスのこの評価はむしろ控えめで、もっと強く表現されても良いように思います。しかしながら彼が『菊と刀』のことを次のように言い表したことには大いに異議があります。彼は上に引用した段落に続いて1960年に入手した『菊と刀』を熱心に読んだことを述べましたが、その後に次の短い段落があり、彼が『菊と刀』を評価していない、と言うよりむしろ悪書と見ていることが分かります。

つづめていえば、この本をみつけたことが不運だったのだ。この本が私の認識におよぼした損傷をいやし、そしてその本が私と日本文化との間に持ち込んだ障害を取り除くには何年もの月日が必要であった。(2)

ラミスは、『菊と刀』を入手した当初はたいそう熱心に読んだけれども、数年のうちにここに見られるようなはなはだしい負の評価をするようになったのです。同じ著者の二つの作品に対してこんなに異なる評価をするというのはただ事ではありません。彼自身この矛盾を気にしているのは当然です。ずっと先を読めば分かることですが、どうやら彼はベネディクトが『文化の型』を発表した1934年から『菊と刀』を出した

1946年までの間に政治的変心をしたと思ったらしく、そこに矛盾の原因があると考えたようです。

しかし筆者の考えは違います。ベネディクトはそういう変心をしておらず、ラミスが重大な誤解をしたのだと思います。これは非常に大きい問題なので、一気に全容を示すのは困難ですから機会あるごとに注意すべき点を指摘します。

＊注：(1) ラミス、C・D（著)、加地永都子（訳)『内なる外国』時事通信社（1981）pp.86-87。
(2) 同書 p.87。

(3) 基本的な問題

ラミスが『菊と刀』の価値に疑問を呈した文はいくつもありますが、次に掲げるものは最も基本的な点に触れていると思われます。

この本はまた多くの謎めいた事柄につつまれているが、主たる謎はこれがいったいなぜ良書たりえたのかということである。著者が生涯にいちども日本を訪れたことがなく、日本語に関して何らの知識も持ち合わせていなかったのに、その著作が立派なものであるということがありえようか。これこそ世界中の日本学者をひそかに歯がみさせ、挫折感を味わせてきた問題なのだ。苦労して自分のものにした専門的知識をもってしても、彼らはベネディクトの著作を凌駕できないのである。しかもベネディクトの専門はアメリカ・インディアンの文化であって、『菊と刀』は研究休暇を取っている間にまとめたものであった。おまけにこの著者が多くの明々白々な方法論上の間違い、つまり歴史的変化を無視して、江戸、明治、大正、昭和の各時代の脈絡もなく引いてきた諸例をすべて同じ重さで扱うとか、彼女がインタービューした米国移民や戦争捕虜を「典型的」日本人とみなしうるという仮説にたつとか、日本には社会的階級がないかのごとくみるといった間違いを犯しているのに、良い仕事だなどということがありえようか。これだけの欠点がそろえば、この本は出来の悪いしろうと仕事として片づけられて当然であり、語るのもはばかられる珍しもの好きの作品として記憶され、さっさと絶版になっても仕方がないように思われる。そうはならずに古典になったのはいったいなぜか。(1)

ここで言われているのは、簡単に言えば、自分にできないことはベネディクトにもできないと決めてかかったための戸惑いです。「著者が生涯にいちども日本を訪れたことがなく、日本語に関して何らの知識も持ち合わせていなかったのに、その著作が立派なものであるということ」が信じられないのは、そういう条件の下で著作をする能力を欠いた人がそう思うのであって、その能力を持った人がこの世に存在しないということが不動の真実だからではありません。「この著者が多くの明々白々な方法論上の間違い……を犯しているのに、良い仕事だなどということがありえようか」というのも、自分が知っている方法の他には信頼できる方法が無いという迷信にとらわれている人の言うことです。ラミスはこういうことに気が付かなかったので「…古典になったのはいったいなぜか」という疑問を持ったのです。要するに、ベネディクトとラミスとの間の能力の懸隔は、後者の想像を絶するものであったのです。

尋常の人と比較して想像を絶した能力の懸隔は、日常的に経験できるものではありませんが、人類の長い歴史の中には何度か記録されています。モーセ、ブッダ、キリスト、マホメット等は人間の信仰に関する場でそれを示しました。学問の場ではもっと多くの人々が名を残しています。ベネディクトが方法論を模索したときに範としたダーウインもその１人です。彼女の能力がフルに発揮されるべき場面では、尋常人の中で比較的優秀な人の仕事を模範としたのでは間に合わなかったのです。それで尋常人を超えた人物を模範としたのですが、彼女がそこで学んだのは、ある対象を理解する方法が誰にも知られていないときにはまずどんなことを知る必要があるのかを見極めるという行き方です。これによって彼女は、この本の序章で言及された'I took seriously the way hundreds of details fall into over-all patterns.'（私は何百という事柄が全体としての型〔思考または行動の型〕に落ち着いていくすじ道を真剣に把握した）という方法に到達し、五感だけでは知ることのできない日本文化の型を発見したのです。

己を以て人を量ることしかできない人は、自分または自分と同程度の人がすでに知っていることの範囲内で問題を解決しようとするのでベネディクトのしたことが間違っているような気がしますが、想像力が少しばかり日常以外のところに及べばそういう迷妄から抜け出すのは大して難しいことではありません。

＊注：(1) ラミス（既出）pp.88-89。

(4)「文化の型」という言葉の誤用

ラミスは大学でベネディクト著『文化の型』を教科書とする授業に出てその本のすばらしさに感動したことを述べていますが、肝心の「文化の型」が何であるかは全然理解しませんでした。念のために言っておきますが、これは決して彼の無能や怠慢を意味しません。理解しなかったのは彼だけではなく、『文化の型』を読んだ何百万という人たちの大多数——もちろん、彼の面前で講義をした教師も含みます——が理解していなかったのです。

20世紀中に文化の型が何であるかを理解した人は、筆者が知る限りでは1人しか居ません。それはこの本の序章ですでに言及したエーリッヒ・ノイマンです。次に掲げるのは筆者が注目した文の一部分[1]ですが、これは「文化の型」を正しく理解している人でなければ書けない文です。

> 融即状態における集団の一体性は今日の人々にも依然として広く認められる。そのため、無意識的な「文化の型」としてわれわれ一人一人の生と死を司り支配している心的要素は、個々の天才の非凡な意識的努力によってのみ徐々に意識化されるのである。たしかにわれわれは人類がこれまで達成した最も進んだ意識発達の状態にある。しかし、そのわれわれにおいてさえ、個人とその意識的働きは、依然として彼の所属する集団とそれを支配している無意識の体系の中に組み込まれている。[(2)]

この章の１節で祖父江孝男著『文化とパーソナリティ』を採りあげたときに見たように、アメリカ人の多くはフロイトの精神分析学には大いに関心を示しましたが、ユングの分析心理学には「食わず嫌い」と表現してもよいような態度を示しました。そのためもあってか、ノイマンのこの注目すべき発言は、人類学の領域では注目されることもなく数十年が過ぎてしまいました。ところがベネディクトの言う「文化の型」は、集合的無意識を考えに入れなければ成り立たず、精神分析学では理解し難いものです。こういうわけですから、ラミスが「文化の型」に対して正確な知識を持っていなかったことを彼１人の落ち度のように言うのは酷です。

それでも、ラミスは「文化の型」という言葉を何度も使いましたが、その誤用を許すわけにはいきません。たとえば彼が明治時代の民法制定に関連して述べた議論の中にその言葉が出てきますが、それはどう見てもユングの言う「集合的無意識」を考えに入れての発言ではありません。

> ここでわれわれは、『菊と刀』の解釈にもう一つ重大な要素を見出す。なぜならこの著作がフィクションであるとすれば、ベネディクトは決して唯一の作者ではなかったからである。ベネディクトは一度も気ついた様子がないにしろ、彼女が発見したと思い込んでいた日本の

「文化の型」は、明治時代の法制定者と社会の計画立案者との間で徹底的な議論がたたかわされた主題であった。自分たちが思い描いている強力な産業民族国家は、工場や政府諸機関以上のものを必要としていること、下から支える文化の慣習とか道徳に根ざさねばならないことを彼らは知っていたのだ。(3)

こう言ってからラミスは、1889年に「法学士会」が提起した民法制定の延期を求める建議書に言及し、そこから次の言葉を引用しました。

われわれの社会における封建制の放棄のゆえに、また多くの改革のゆえに、変化は無限のものとなったと感じられる。今やわれわれは法律や慣習、しきたりに関心を持ち、こうしたものを斟酌するような法典をつくり上げたいのである以上、それは古い封建制度に由来するものでも、あるいは主として西欧の体系のうえに型づけられるものであってもならない。この企てはきわめて難しく、無理に達成しようとすれば、国民の慣習と相容れないであろうし、法律上の複雑さが国民を苦しめることになる危険性もある。こういう理由で、絶対的に必要なばあいに限定した特別の法律を制定し、総合的な法典を完成させる前に、風習や慣習、しきたりなどの定着化をまつのが最善であろう。(4)

そしてその次の段落の冒頭で「風習、慣習、しきたり――これらは〈文化の型〉をつくっている要素である」と言っています。これが言いたいために上の「建議書」からの引用をしたのでしょうが、上の言葉をどうこじつけようと、一つの社会を形作っている多数の人々の集合的無意識と結びつく説明にはなりません。風習、慣習、しきたりはいずれも人々に意識されるものです。それらと文化の型との間に何らかの関係があると考えることさえ必ずしも正しくありません。なぜかというと、ある国の人々と、いま一つの国の人々とが見掛け上同じ風習、慣習、しきたり――もっと要領よく言えば思考と行動の型――を持っていたとしても、そこに至ったすじ道（the way）が同じとは限らないからです。

この本の序章1節で筆者は『菊と刀』の第1章にある 'As a cultural anthropologist …' で始まる段落を引用し、その中にある 'the way'（すじ道）という句が文化の型を認識する上で重要であることを強調しました。そこで筆者は、楠正成が湊川合戦に敗れて自刃を決意したときに誓った言葉と、ハイネの詩「二人の擲弾兵」に登場する2人の兵士の誓いとを例に引き、そこに表れた思考の型が相似たものであってもそこに至るすじ道が著しく異なるのを指摘し、それが文化の型を探る手掛かりになり得ることを強調しました。筆者は、序章ではそこまでしか言いませんでしたが、ここではもう一歩進めておこうと思います。

2人の擲弾兵がナポレオン皇帝を敬慕したことについては、西欧人が慣れ親しんだ論理に照らして少しも奇異とはされません。一方、楠兄弟が後醍醐天皇に忠誠を尽くしたことは、日本人の生き方と符合してはいるものの、西欧的な論理では説明できません。西欧的センスからすれば、それは不合理です。しかし、だからと言って日本人の生き方が正しくないなどと言ってはなりません。むしろ日本人の心の底には西欧人のものとは異なる論理が存在すると見るべきでしょう。その論理を客観的に体系付けた人はまだ居ませんが、それが人間の生存を妨げず、むしろ独自の文明を発展させるものであることは歴史が証明しています。西欧的でない論理が存在すること、そしてそれが西欧的な価値の体系とはまったく異なる価値の体系をもたらすということは十分にあり得ることと認めるべきです。ラミスはこういうことについて十分熟慮していないようです。

＊注：(1) 他の部分は次節3章5節4項の中に掲げられている。その項の注(2)参照。
(2) E. ノイマン（著）、林道義（訳）『意識の起源史（下）』紀伊國屋書店（1985）p.430。
(3) ラミス（既出）p.163.
(4) 同上 p.166.

(5)「文化の型」への誤解がもたらしたもの

ラミスの誤解が彼の論述の全体に強い影響を及ぼしていることには十分な注意が必要です。たとえば次に掲げる段落では彼がベネディクトのことを、日本の恥の文化を価値の低いものと見、アメリカの罪の文化を価値の高いものと見る者であるかのように言っていますが、それは彼女の真意を甚だしく歪曲するものです。

> ということはこの本に含まれる重要かつ広範囲にわたる教えが、結局どのようなものかということである。その教えの第一は、アメリカ人のみならず日本人もまた、アメリカが戦争に勝ったことを喜ぶべきだというのだ。日本人が恐るべき抑圧から解放される唯一の希望は、実際上米国の勝利しかなかったのだから、日本人は感謝してしかるべきだというわけである。なぜそれが唯一の希望かといえば、日本社会は解放のための社会変革へ向かう自己批判の原則、いわば内的よりどころを自己の内にもっていないからだ。事実、「罪」の社会ではなく「恥」の社会である日本社会は、原則といいうるものは何ひとつもたない。敗戦の重要性はここにある。つまり敗戦は全世界の目の前で恥をかくことを意味しており、日本人にとって理解可能なことがらである。したがって敗戦のみが日本人にやり方をより良い方向へ変えることを教えうる。そして「より良い方向へ変える」とはいうまでもなく、いっそう米国のようになるべく変わることを意味する。(1)

この引用文の末尾で言われていることが「日本人もまた、アメリカが戦争に勝ったことを喜ぶべきだ」ということの根拠ですが、ベネディクトは日本が「いっそう米国のようになるべく変わること」が良いなどとは言っていません。事実はむしろ逆で、『菊と刀』の第８章にある次の段落ではラミスの考え方が厳しく否定されています。

'True dignity,' in this day of objective study of cultures, is recognized as something which different peoples can define differently, just as they always define for themselves what is humiliating. Americans who cry out today that Japan cannot be given self-respect until we enforce our egalitarianism are guilty of ethnocentrism. If what these Americans want is, as they say, a self-respecting Japan they will have to recognize her bases for self-respect. We can recognize, as de Tocqueville did, that this aristocratic 'true dignity' is passing from the modern world and that a different and, we believe, a finer dignity is taking its place. It will no doubt happen in Japan too. Meantime Japan will have to rebuild her self-respect today on her own basis, not on ours. And she will have to purify it in her own way.[(2)]

こんにち行なわれる諸文化の客観的研究に於いては「真の気高さ」はさまざまな民衆がさまざまに決められるものとして認められているが、それはまさにどういうことが屈辱的であるかを常に彼ら自身が決められるということと同じである。われわれがアメリカ的平等主義を押し付けなければ日本は自尊心を与えられはしないと声高に主張するアメリカ人は自民族中心主義の罪を犯している。そういうアメリカ人がその言葉の通り自尊心のある日本を望んでいるのなら、日本の自尊心の基礎を認識しなければならない。かつてド・トクヴィルは、貴族的「真の気高さ」が近代の世界を通り過ぎていくこと、そしてそれとは違った、われわれにはもっとすばらしいものと信じられる気高さが取って代わるということを認識した。日本でもそうなることは間違いない。それまで日本はこんにちの自尊心を、アメリカのではなく、自分の基礎の上に再建しなければならないであろう。そして日本は自分の仕方でそれを純化しなければならないであろう。

これは実に力強い文化相対主義的言明です。真の気高さとは何かということについて、近代の日本では近世の西ヨーロッパと似た貴族主義的な考え方がされてきたけれどもそれは、以前とは違った、もっとすばらしいものに変わっていくであろうというのです。そしてとくに注意してほしいことがあります。ベネディクトは、その「もっとすばらしいもの」がアメリカ人の言う「平等主義」だとする主張をはっきり犯罪的としました。彼女はその「平等主義」とは別に「もっと立派なもの」があり得ることを信じていたのです。それが何であるかは誰にも分かりませんが、そこには無限の可能性があります。彼女はその可能性にあらかじめ枠をはめる発言をするような思慮の浅い人ではありませんでした。

ラミスはこういう大切なことを見落とし（または無視し）ながら、こんなことを言いました。次に掲げるのは本節の第３章４節３項に引用した「この本はまた多くの…」で始まる段落の次の段落です。

> こうした謎は、ルース・ベネディクトを狭い意味での「社会科学者」としてみる限り、また『菊と刀』を文化人類学の仕事とみなすかぎり、解くことはできない。『菊と刀』はまた、そして多分第一義的には、政治文学であることを認識したときはじめて、全体がはっきりと見えてくる。なぜならルース・ベネディクトは人類学者である以前に詩人であったし、彼女の作品は常に必ず強烈な政治的意図を含んでいたからである。『菊と刀』に批評家にまさる力を与えてきた要素は、この本の「科学的」結論ではなく、すばらしくまた忘れ難い修辞的表現であり、そして戦後の日米両国の政治的関係にあらわれたイデオロギーにおいてこの表現が果たした決定的役割なのだ。(3)

文化の型が何であるかをすでに理解して居られる方は「批評家にまさる力」の源泉がラミスの言うようなものではなく、むしろベネディクトの独創性にあることを認められるでしょう。もしそこに「政治的意図」というものをこじつけるとすれば、狂信的保守主義者の攻撃を招かないように気を配ったというトリビアルなことぐらいが挙げられるかもしれませんが、ラミスの言うようなことが事実であるとは決して認められません。とにかくラミスはまったく見当はずれなところに向かってシャドーボクシングをしたのです。

＊注：(1) ラミス（既出）pp.89-90。
(2) Benedict（1954）p.150.
(3) ラミス（既出）p.89。

5. 中根千枝

『タテ社会の人間関係』は古典物理学に擬せられる

(1) ここで扱う問題の性質

中根千枝（1926－）が1967年に著した『タテ社会の人間関係 ― 単一社会の理論』[1]（以下では副題を省略します）は百万部以上刊行され、13か国語に翻訳された代表的な日本人論です。それは、もし『菊と刀』が存在しなければ、20世紀最高の社会学上の業績として後世に伝えられたかもしれないと思われるほどです。

中根がその本を著したときに、約20年先行した『菊と刀』のことをまったく知らなかったとは考えられません。それにもかかわらず、そこには『菊と刀』への言及は一言もありません。たぶん中根は、自分が書いたものとそれとの間に何らかの関係があるとは思わなかったのでしょう。そして人々の間からもその二つの書物の間の関係を論じる発言は現れていません。しかし筆者はその二つの研究の間に、これまで誰の意識にも上らなかったかもしれないけれども、ある関係が存在すると考えます。

その関係というのは『菊と刀』の第1章にある次の段落（すでにこの本の序章第1節に引用したものですが、改めて記載しておきます）から見て取ることのできるものです。

It is not possible to depend entirely upon what each nation says of its own habits of thought and action. Writers in every nation have tried to give an account of themselves. But it is not easy. The lenses through which any nation looks at life are not the ones another nation uses. It is hard to be conscious of the eyes through which one looks. Any country takes them for granted, and the tricks of focusing and of perspective which give to any people its national view of life seem to that people the god-given arrangement of the landscape.… [(2)]

或る特定の国民が自分たちの思考と行動の習慣について何か言ったとしてもそれを丸ごと鵜呑みにするわけには行かない。どこの国でも文筆家が自分たちの行動を説明しようと試みてきた。けれどもそれは容易なことではない。ある国民が人生を見るときに水晶体がどうなっているかは、別の国の人たちの水晶体と同じではない。人がものを見るときに眼のことを一々意識することは難しい。どこの国の人もそんなことを殊更問題にせず、焦点の合わせ方や視点の取り方の癖があってもそこに見えるものが神様からいただいた風景の配置であるかのように思い込む。

こういう文に注目したからと言って、この問題を日本人対アメリカ人の問題と考えているのではありません。筆者はベネディクトを『菊と刀』の著者と見る限り並みのアメリカ人と思ってはならないと考えています。彼女は人類学者として抜群の能力を持っていたので自分の水晶体を意識的にコントロールできたのです。もちろんこれは『タテ社会の人間関係』執筆当時の中根にはできないことでした。できないのは中根だけでなく、ベネディクト以外のすべての人がそうでした。ですからこれは中根の落ち度ではありません。これはユング心理学の意味での無意識に関係のある事柄ですが、当時「焦点の合わせ方や視点の取り方の癖」をそこに結びつけることができる人はベネディクト以外には一人も居なかったのです。したがって『菊と刀』の内容が『タテ社会の人間関係』に結びつかなかったのは自然の成り行きでした。

＊注：(1) 中根千枝『タテ社会の人間関係』講談社現代新書（1967）
(2) Benedict（1954）pp.13-14.

(2) ベネディクトの道と中根の道の並行と分岐

『タテ社会の人間関係』の第１章「序論」の第１節「日本の社会を新しく解明する」で、中根は明治以来日本の社会科学系学界に固く根を張っていた西欧コンプレックスを批判し、「前にも述べたように、下部・上部構造の相関関係があることはもちろんであるが、経済的に工業化したからといって、日本人の考え方、人間関係のあり方がすべて西欧のそれに変わる、あるいは近づくと考えるのは、あまりに単純すぎはしないだろうか」[(1)]と言った上でこう述べました。

> たいせつなことは、たんに変わるということではなく、経済的・政治的な変動・変化を通じて、どのような部分に変化がみられ、どのような部分が変わらないかということ、そして、その変化と、変化しないものが、日本の社会の中で、どのように矛盾を感じられずに綜合されていっているかということである。[(2)]

この問題意識はベネディクトのものとほぼ並行しています。この本ではすでに第３章２節２項で指摘しましたが、ベネディクトは『菊と刀』の第１章で産業革命の前後にわたるイギリスの歴史を例に引いて上記の中根の言葉と相通じる発言をしました。そしてベネディクトと中根はもう少し先までおおむね平行な進路を取りました。そのとき中根は「社会構造（ソーシャル・ストラクチュア)」に注目しました。それの説明を見ましょう。

> 一定の社会を、一定の方法論に基づいた実態調査によるデータを解釈、総合することによって、その社会の基本的と思われる原理を抽出し、理論化し――このようにしてとらえられるものを、「社会構造」という基準用語（key-term）によって表現している――そのレベルにおいて他の社会との比較を行なう、という研究方法をとるのである。

一言にして言えば、社会人類学の研究は「社会構造の比較研究」ということができる。[4]

中根はこれに少し説明を追加して、自分が言うのは従来社会学、経済学、歴史学で使われてきた「社会構造」という言葉より抽象化されたもので、「一定の社会に内在する基本原理ともいうべきものである」としています。

中根は「社会構造」の例として次のことを挙げており、それがその著書の目的と深くかかわっていることに言及しました。

学生の先生に対する、また父親に対する子どものマナーとか、儀礼的なやりとりが簡略になってきたとか、敬語が乱れて来たとか、戦後の社会生活における変化がいろいろ指摘されようが、その変化の代表選手のように見なされている若い人たち、例えば学生の間では、今も上級生、下級生の根強い区別があり、ＢＧの職場にはボスができていたり、その他の分野においても、同一集団内における上下関係の意識はあらゆる面に顔を出している。

こうした一見、外部からは目に見えないようなしかも、個人の生活にとって最も重要な人間関係のあり方こそが、社会人類学でいう人間関係の主要な部分——すなわち変わりにくい部分——なのである。

本書では、このような変わりにくい基本的な人間関係のあり方を考察し、それを理論的に総合し、その社会の構造的なあり方をとらえようとするものである。[5]

筆者にはこの文が『菊と刀』の第３章「各々其の所を得」の冒頭の段落と重なって見えます。その段落は‘ANY attempt to understand…’で始まるものですが、すでに前章の第２章２節６項に引用しましたからそれをご覧ください。ベネディクトがその文中で言った‘social mechanism’

（社会機構）と、中根の言う「社会構造」との間には類似があるように思われます。

しかしながら２人の歩んだ道が接近しているように見える範囲はそこまでで、やがて大きい隔たりを認めずにはいられなくなります。ベネディクトの進路は、本書序章１節に掲げた 'As a cultural anthropologist …' で始まる引用文で表されているものに向かいました。すなわち社会を構成する人々の集合的無意識を探るべく進路を取ったのです。それは日本文化の型を探求するためでした。

中根はそういう進路を取りませんでした。それがいかなる理由によるのであれ、結果は明らかです。『タテ社会の人間関係』では人々の集合的無意識がまったく考慮されていないので、文化の型発見につながる道は開かれませんでした。

＊注：(1) 中根（既出)、p.17.
(2) 同上、pp.17-18.
(3) Benedict（1954）p.15.
(4) 中根（既出)、p.19.
(5) 同上、p.22.

(3) 資格と場

中根が見出した「変わりにくい基本的な人間関係」の指標は「資格」と「場」です。彼女の言う「資格」は世間で日常的に言われているものより広い意味を持っています。それは「社会的個人の一定の属性をあらわすもの」（傍点は中根による）です。例を挙げて「資格」を説いた段落があります。

たとえば、氏・素性といったように、生まれながらに個人にそなわっている属性もあれば、学歴・地位・職業などのように、生後個人が獲得したものもある。又経済的にみると、資本家・労働者、地主・

小作人などというものも、それぞれ資格の種類となり、また、男・女、老・若などといった一定の社会的（生物的差から生ずる）相違によるものまで、ここでいう資格（属性）の一つとして採りあげることができる。[(1)]

「場」については次のとおり説明されています。

　これにたいして、「場による」というのは、一定の地域とか、所属機関などのように、資格の相違を問わず、一定の枠によって、一定の個人が集団を構成している場合をさす。たとえば、××村の成員というように。産業界を例にとれば、旋盤工というのは資格であり、Ｐ会社の社員というのは場による設定である。同様に、教授・事務員・学生というのはそれぞれ資格であり、Ｒ大学の者というのは場である。[(2)]

「場」と「資格」のどちらを重く見るかということを、たとえば国というような多数の個人を包含する集団のいくつかで調べてみると、集団ごとに特徴が見られるのです。中根は「この点において最も極端な対照を示しているのは、日本とインドの社会であろう」と言っています。そして次の段落があります。

　すなわち、日本人の集団意識は非常に場におかれており、インドでは反対に資格（最も象徴的にあらわれているのはカースト――基本的に職業・身分による社会集団――である）におかれている。インドの社会については本論で述べる余地がないが、社会人類学の構造分析のフィールドとして、日本とインドほど理論的アンチテーゼを示す社会の例は、ちょっと世界にないように思われる。この意味では中国やヨーロッパの諸社会などは、いずれも、これほど極端なものではなく、その中間（どちらかといえば、インドよりの）に位するように思われる。[3]

これはたいへん重要な指摘です。日本人の集団意識が非常に場におかれていて、それがインド、中国、ヨーロッパ等の諸社会に対する理論的アンチテーゼをなしているのであれば、集団意識を場に置くということと、ベネディクトの言う「恥の文化」との間に何らかの関係があるかもしれないと考えられます。『菊と刀』の第10章で恥の文化と罪の文化を説明するうちにこんなことが言われているのに注意しましょう。

True shame cultures rely on external sanctions for good behavior, not, as true guilt cultures do, on an internalized conviction of sin. Shame is a reaction to other people's criticism. A man is shamed either by being openly ridiculed and rejected or by fantasying to himself that he has been made ridiculous. In either case it is a potent sanction. …[4]

まじりけのない恥の文化は善行に対する外部からのサンクションを信頼し、まじりけのない罪の文化がするような、内面化された罪の自覚を信頼することはない。恥は自分以外の人々の批判に対する反応である。人は、あからさまに嘲笑され、排斥されるか、または嘲笑されたと自分から想像するときに恥じる。どちらにしてもそれは有力なサンクションである。…

この引用文の前半は本書の序章に掲げましたからすでにご存じでしょう。ここではその時とは少し違う角度から見ることになります。ある個人と他者との空間的距離に注目するならば「善行に対する外部からのサンクションを信頼」する場合と、「内面化された罪の自覚を信頼する」場合とで生じる違いの一面に気が付くでしょう。後者では他者がどこに居ようと、また居なくても、自分が善と思ったことは実行すべきであり、自分が悪だと思ったことは実行してはならないという判断が導かれますが、前者では他者が身近に居る場合と、それが居ないかまたは居てもコミュニケーションの取り難い遠方である場合とでは判断に違いが生じます。身近にいる他者——すなわち場を共有する人々——は自分と同じ社会的コンテクストの中に居ますから、彼らの支持を受けるにはどうすればよいかということは容易に分かります。これに対して、資格の上からは従うべき他者であっても空間的に隔絶している者の言葉や行動はとかく軽んぜられがちになるのです。

このように見ると、日本文化が恥の文化に属するというベネディクトの見解と、日本人の集団意識は非常に場に置かれているという中根の見解とはたいへん近い関係にあると言えます。もちろん、これは中根が挙げた日本以外のいくつかの国が罪の文化の国であるということを意味しません。なぜなら、日本以外の近代的文明国の文化の型が『菊と刀』と同程度に研究された例が無いからです。でも今後そういう研究が盛んに行われれば、それが有意味になるかもしれません。

＊注：(1) 中根（既出)、pp.26-27.
(2) 同上、p.27.
(3) 同上、p.28.
(4) Benedict（1954）p,223.

(4) 中根とベネディクトの方法論の決定的な違い

『タテ社会の人間関係』の第２章「〈場〉による集団の特性」の第３節「成員の全面的参加」を見ましょう。そこで中根は集団が資格によるものか場によるものかによって結束の仕方が違うことを説明しました（傍点は中根による)。

集団が資格の共通性によって構成されている場合には、その同質性によって、何らの方法を加えなくても、集団が構成されうるものであり、それ自体明確な排他性を持ちうるものである。もちろん、様々な条件が加えられることによって、その機能の強弱は論ぜられようが、集団構成の基盤にその構成員の同質性自体が大いにものをいうのであって、条件は二義的なものとなる。

同質性を有せざる者が場によって集団を構成する場合は、その原初形態は単なる群れであり、寄り合い世帯で、それ自体社会集団構成の要件をもたないものである。

これが社会集団となるためには、強力な恒久的な枠——たとえば居住あるいは（そして）経済的要求による「家」とか「部落」とか、企業組織・官僚組織などという外的な条件——を必要とする。そしてさらに、この枠をいっそう強化させ、集団としての機能をより強くするために、理論的にもまた経験的にも二つの方法がある。[(1)]

ここに至って筆者は、中根がベネディクトから決定的に離れたところに踏み込んだのを確認します。それは「同質性を有せざる者が場によって集団を構成する場合は、……寄り合い世帯で、それ自体社会集団構成の要件をもたないものである」という一文から分かります。中根は「単なる群れ」を軽く見ており、「社会集団構成の要件をもたないもの」と一蹴していますが、歴史時代に見られる人間の社会集団がすべてに先行するわけではないという点に注意すべきです。野生動物の群れにさえ、それを成立させる原理があります。もちろん、その成員（野生動物ないし先史時代人）はそれを意識しません。しかし本書序章2節の注(2)で触れたノイマン著『意識の起源史（下）』pp.429-430を参照するならば中根の言う「単なる群れ」といえども「社会集団構成の要件をもたないもの」と言って見くびるわけには行かないことが分かるはずです。念のためにノイマンがどう言ったかを見ておきましょう。

超個人的心理学が明らかにした根本的な認識は、集合的な心・無意識の深層・は基盤であり底流であって、個々の自我と意識はすべてここから生まれるということ、および自我はこの流れに基盤を持ち、これによって育まれ、これなくしては存在することができない、ということである。集団心…（中略）…を特徴づけているのは、主として無意識的な要素と内容が支配していること、および意識や個々の意識が薄れることである。もっともこの原初的な層においては、薄れる・解体する。退行すると言うべきではなく、意識がまだ発達していないとか、断片的にしか発達していないと言うべきである。「社会的な状態は催眠状態と同様に、夢の一形態にすぎない」というタルドの命題は集団の始原状態をうまく表現している。ただし、現代的な覚醒－意識状態を自明なこととしてそこから出発した上で、次に集団心の「神秘的融即」を――たとえば催眠術の比喩を用いて――この覚醒状態が制限されたものと説明してはならない。逆が真である。すなわち、意識状態が後から生まれた稀なものであり、完全なものに到っては現代人が自負しているよりはるかに少ないのであって、無意識的な状態の方が心の原初的で優勢な基本的状態なのである。[2]

ノイマンの立場から見れば、現代的な社会集団構成の要件をまず掲げておいて、それから「同質性を有せざる者が場によって集団を構成する場合は、その原初形態は単なる群れであり、寄り合い世帯で、それ自体社会集団構成の要件をもたないものである」と言って「原初形態」を切り捨てるのは本末転倒ということになります。むしろ「原初形態」をこそ基本とすべきであり、そこから社会集団が発達してきたと考えるのが本筋です。

『意識の起源史』の原書刊行は1949年で、『菊と刀』の原書発刊より後のことですから、ベネディクトはノイマンの本が出るより前に無意識を十分に考慮した論述をしたわけで、やはり広い視野を持っていたと言うことができます。おそらくベネディクトはノイマンを経由してではなく、ユングに関する資料から集合的無意識に関する知識を得たのでしょうが、その辺の詳しいことは分かりません。

でも、だからといって中根の研究をあまり低く見てはなりません。いささか突飛な比喩と思われるかもしれませんが、筆者はここに古典物理学と量子力学とのコントラストに似たものを感じます。人は量子力学が扱う極微の世界を詮索しなくても生きていけます。19世紀までの人々は皆そうしていました。そして20世紀になっても、21世紀になっても、古典物理学の世界に起こる現象を追究することは決して無用にはなりません。それと同様に、ベネディクトが追究したものを視野に置かない社会学的理論を導き出した人があるからといって、その人が役に立たない仕事をしたなどと考えてはなりません。そういう理論にも価値はあります。

しかし人間の無意識の世界に関する透徹した知識が開発されたときにあえてそれに背を向けるのであれば、それは極微の世界でエネルギーの素量を問題にするというような非日常的活動がもたらすものを一部の学者の風変わりな道楽であるかのように軽く見るのと同じくらい間違ったことです。無意識の世界に関する研究が発展すれば、現代文明の中で量子力学的研究が果たしている膨大な役割に匹敵するものが展開される可能性は十分にあります。未来のいつの日にか世界中の人々が人間の集合的無意識に関する研究成果から直接または間接に大きい恩恵を受けるようになるであろうと筆者は信じます。

＊注：(1) 中根（既出）、p.36.
(2) ノイマン（著）、林道義（訳）『意識の起源史（下）』紀伊國屋書店（1985）pp.429-430。

6. 河合隼雄

示唆に富む言葉を残した碩学

(1)『菊と刀』を誤解したが有益な示唆をした

筆者は河合隼雄（1928－2007）の文化の型に対する理解が十分でなかったことを知ったとき愕然としました。それは彼の知名度や立派な業績の光彩にふさわしくないということよりも、むしろベネディクトが文化の型研究においてユング心理学を頼りとしたことが少しも彼の理解に反映していないということから受けた衝撃でした。河合もまた「理解しそこなった先生たち」の１人であったのです。

河合が恥の文化および罪の文化をどう見ていたかを示す文を見ておきましょう。

…ベネディクトの「罪と恥」の説について触れておく。彼女が文化を罪の文化と恥の文化に分類し、前者は内向的な罪の自覚に基づいて善行を行うのに対して、後者は外からの強制力に基づいて善行を行うとし、日本文化を西洋のそれと比較して、後者に属すると主張したことは周知のことである。これに対する批判は既に出つくした観があるが、たとえば、森口は罪の自覚においても外的制裁による場合があり、恥も内面的に生じる場合があることを示して、「ベネディクト女史のいうような〝内的制裁対外的制裁〟や〝他者の批評との関係の有無〟から罪と恥を分けるのは不十分」であると指摘している。ベネディクトに対する作田の批判は既に紹介した。筆者もこれらの考えに沿うものであるが、あくまで、羞恥という感情に注目し、恥という言葉を使用しなかったのは、感情というレベルに焦点をしぼることが問題を解く鍵になると考えたからである。つまり、ベネディクトがこのような差異に注目したのは卓見であったが、「罪と恥」というあまりにも概念化されたレベルで問題把握をしたために、一面的となり日本人の批判を招いたと考えられるからである。明確に意識化されたレベルで論理を構築する西洋的な方法による場合、それは無理ないことであるが、そのために日本人が重要と感じる部分がすり落ちてしまうのである。そこで、筆者は、自と他、内面と外面などが分離されない状態に生じる羞恥の感情に注目してゆこうとしたのである。[(1)]

「作田の批判」についてはすでに本書の第３章２節で論破しました。また森口の議論もここに見られる程度のものであれば問題になりません。そしてここに見える限り、これらの「批判」も、河合の考えも、本書の序章３節で重大な誤訳を指摘された長谷川松治の訳文に添っています。たとえば'sanctions'を単に「強制力」としているところにそれが見えます。これでは話になりません。

そしてまたこの引用文には独特の問題点もあります。その一つはベネディクトが「〈罪と恥〉というあまりにも概念化されたレベルで問題把握」をしたために一面的になったという見方がされている点です。それは「あまりにも概念化」と言われねばならないことでしょうか。筆者にはそう思われません。「罪」も「恥」も記号です。概念を求めるならばむしろ序章３節に掲げた引用文にある'external sanctions'（外的サンクション）と'internalized conviction'（内面化された確信）にこそ注目すべきです。したがってベネディクトの問題把握に関する河合の見方は的はずれです。

それから彼はベネディクトが「明確に意識化されたレベルで論理を構築する西洋的な方法」を用いたと思ってそれを問題視しています。でもそれは、筆者の眼には少し偏見が混じっているのではなかろうかと疑われます。『菊と刀』を精読すれば、彼女は日本人の行動がtrue shame cultureと言うべきものでないことを十分心得ていたことが分かります。たとえば第10章で恥の文化と罪の文化の説明に入る前に、日本人がしばしば個人としては罪悪感を重んじていると思われる言動をすることがあるけれども社会人としては恥の文化的行動をしてしまうということが述べられています。こういう細部にまで注意して見るならば「明確に意識化されたレベルで論理を構築する西洋的な方法」を用いたと言い切ることは躊躇されます。それゆえ「日本人が重要と感じる部分がすり落ちてしまう」ように見えるところがあったとしても、「重要と感じる」という意識的反応の方に問題があるのではないかと十分確かめる必要があるのではないでしょうか。

以上は筆者が受けた「衝撃」とその余波の説明ですが、これだけの理由で河合の論文や評論のすべてを否定しようとは思いません。彼の著作の中で『菊と刀』と直接かかわる事柄は先に見た文の他にはごく稀で、それ以外ではむしろユング心理学の大家にしてはじめて書ける文章に感嘆させられます。そしてその中にはしばしば『菊と刀』の理解に資するものが見られます。以下ではその一つ、昔話「鬼の子小綱」に関する論文を見ながら話を進めます。

＊注：(1) 河合隼雄『母性社会日本の病理』中央公論社（1976）pp.155-156.

(2) 昔話を分析するための前提

ここに掲げるのは「片側人間の悲劇――昔話に見る現代人の課題」[(1)] と題する論文の早い段階にある一つの段落ですが、昔話に価値を認める理由が簡潔に述べられています。

> 昔話の内容は人間の心の深みに通じるものがある、と述べたが、それは人類にとって普遍的と考えられるようなものもある。それが自然発生的に世界の各所に生じたのか、あるいは伝播によったのかという問題には触れないが、ともかく、世界各地に共通に類似の話や、話のモチーフが存在することは周知の事実である。しかし、それらは共通

点を持ちながらも、時代や文化の差によって、そこに何らかの差異を生ぜしめているものである。言うならば、素材は同じでも、時代や文化の差によって、そこに異なる味つけが生じてくるのである。従って、昔話を詳細に検討してゆくと、人間全般に通じる傾向性を見出しつつ、それが文化によってどのように異なっているかを見ることにより、個々の文化の特性を見出すことも可能になってくる。[1]

この字面からはさほど厳しい印象を受けないかもしれませんが、行間からは河合の痛切な経験を反映するものが感じられます。筆者は心理療法の実務のことは何も知りませんが、人が通常他者には見せない心の内面の葛藤を持っていることについては想像することができます。優れた文学作品（たとえば太宰治作『人間失格』）にはそれが一般人にも分かるように表現されていることがあります。専門的知識を持たない人たち（もちろん筆者も含みます）はそういう文学作品を通じてしかそれを見ることができませんが、すぐれた人類学者や心理療法家は理解しやすい表現になっていないものからもそれを読み取る技法を心得ており、面前の人の何気ない言語・行動からも、過去の人々の製作した工作物や画像として形を成した物や、伝説とか寓話として語られるものからもそれを見逃しません。そういう点から見ると上の文は20ページにわたって展開される論述の方向付けとして適切です。そして筆者がそれを「河合の痛切な経験を反映するもの」と見る理由は次の段落にあります。

筆者〔河合〕は心理療法を学ぶために米国とスイスに留学し、スイスの分析心理学者C・G・ユングの提唱する心理学を基礎として、わが国で実際の心理治療を行うようになった。ユングが「心理学」として示す理論体系（と言っても、それほど体系化はされていない）は、人間一般に通じるものとして考えられたものであろうが、個々の人間が実際に生きてゆく状況と密接にかかわってゆく仕事をすると、筆者の場合、どうしても文化差ということを考えざるを得なくなってきた。つまり、ユングがキリスト教文化圏に当てはまることとして述べていることが、そのまま日本においては通じないことが生じてくる。筆者にとって一番大切なことは、自分のところに来談した人がいかに生きるか、それに対して自分がどれほど役に立てるか、ということであって、自分がどれほど正しくユング心理学を日本に伝えるか、などということではない。深層心理学という学問の性質上、自分が実際にいかに生きるかという点と無関係に語ることは難しいのである。[(2)]

この文が人間の無意識というものを探求することの難しさを示唆していることを見逃してはなりません。この場合、自然科学的な意味での合理性を追求することはできないのです。言い換えるとデカルトの有名な命題「私は考える。それゆえ私は存在する」ということは、ある限定された範囲では真実であるかもしれませんが、どんな場合にも無条件に真実であるとは言えません。

＊注：(1) 河合隼雄『河合隼雄著作集第8巻　日本人の心』岩波書店 (1994) pp.300-301. 傍点は原文のまま。
(2) 同書 p.301. 亀甲括弧とその中は引用者による追加。傍点は原文のまま。

(3)「鬼の子小綱」の物語

河合の言う「片側人間」とは、彼の論文の中に掲げられた次の昔話「鬼の子小綱」に登場する「片子」のことですが、日本の東北地方で採集されたこの話に類する説話は国内にかなり広く見られるということです。

木樵の男が仕事をしていると、鬼が出てきて、あんこ餅が好きかと聞く。男は女房と取り替えてもいいほど好きと答える。そこで、男は鬼のくれたあんこ餅をたらふく食べるが、帰宅すると妻が居ないので驚く。男は妻を探して、一〇年後に「鬼ケ島」を訪ねる。そこに一〇歳くらいの男の子が居て、体の右半分が鬼、左半分が人間で、自分は「片子」と呼ばれ、父親は鬼の頭(かしら)で母親は日本人だと告げる。片子の案内で鬼の家に行き、女房に会う。男は女房を連れて帰ろうとするが、鬼は自分と勝負して勝つなら、と言って、餅食い競争、木切り競争、酒飲み競争をいどむ。すべて片子の助けによって男が勝ち、鬼が酒に酔いつぶれているうちに、三人は舟で逃げ出す。気づいた鬼は海水を飲み、舟を吸い寄せようとする。このときも片子の知恵で鬼を笑わせ、水を吐き出させたので、三人は無事に日本に帰る。片子はその後、「鬼子」と呼ばれ誰も相手にしてくれず、日本に居づらくなる。そこで両親に、自分が死ぬと、鬼の方の体を細かく切って串刺しにし、戸口に刺しておくと鬼が怖がって家の中にはいってこないだろう。それでも駄目だったら、目玉めがけて石をぶっつけるように、と言い残して、ケヤキの木のてっぺんから投身自殺をする。母親は泣き泣き片子の言ったとおりにしておくと、鬼が来て「自分の子どもを串刺しにするとは、日本の女はひどい奴だ」とくやしがる。そして、裏口にまわって、そこを壊してはいってくるが、片子の両親は石を投げ、鬼は逃げる。それからというものは、節分には、片子の代りに田作りを串刺しにして豆を撒くようになった。[(1)]

河合はこれを紹介した直後にこう言いました。

　これが「片子」の話であるが、この話を読んで強いショックを受けたのは、片子の自殺という事実であった。この話のなかで、片子はいうなれば「善人」として扱われている。日本の男が鬼にさらわれた自分の妻を奪い返す際に、いろいろと知恵をはたらかせてそれを援助する。そして日本に帰ってきたところが、「居づらくなって」自殺へと追い込まれてゆくのだから、なにとも理にかなわぬ話という気がする。それに、一〇歳ばかりの少年が自殺するのを知りながら、両親はそれをとめることも出来ないのである。[2]

もっとも、数多くある類話の全部がこれと同じ形態を持っているわけではなく、中にはハッピーエンドの形をとっているものも無いわけではありませんが、大半は悲劇的結末になっているということです。

河合はこれに類する昔話が外国にもあるだろうかという点にも注意し、片子の自殺という事柄を重く見ながら探索を試みました。ここでは詳しい話は省略しますが、結論は「これらの事実は、〈片子〉の話が世界的に見ても類例を見出し難く、なかなかユニークなものであることを示している」[3]ということでした。

＊注：(1) 河合 (1994) p.304.
(2) 同書 pp.304-305.
(3) 同書 p.308.

(4) 今も続く片子の悲劇

河合は片子の自殺という点を除けば片側人間の説話は外国にも珍しくないことを確認した上で次のように言いました。

筆者の立場は、「片側人間」が元型であるかないかという議論は暫くおくとして、ニーダムも指摘するように、世界的に相当なひろがりをもって存在している片側人間というイメージのなかで、わが国の「片子」という存在が、いかに他と異なるかを示し、それによって日本人の心の在り方、あるいは、日本文化の特性を見出そうとするものである。それに、心理療法という仕事をしている関係で、どうしても現代に生きる人間にとっての課題という点にまで筆をすべらせてしまう傾向をもっている。[1]

これに続く数ページの論述の中で特に筆者が注目したのは次の段落で

す。

> 片子の悲劇は、現代日本において多く認められ、社会問題としても取りあげられている、いわゆる「帰国子女」の悲劇を想起させる。長期間にわたって海外に滞在した両親と共に住み、その後日本に帰ってきた子どもたちが、どれほど「居づらく」感じ、自殺を強いられるほどの状況にいるか、その点について詳述は避けるが、そこには明白に「片子」の問題、つまり、欧米型の父性の侵入に対する、日本人の母性的一体感による無言の排除の姿勢が、端的に認められるのである。(2)

ここに20世紀後期に社会問題となった帰国子女のことが採りあげられているのは、それなりに意義のあることです。しかしこれは筆者の脳裏にもっと厳しい問題が浮かぶ契機になったという点で忘れ難いものなのです。筆者はむしろ日本生まれの日本育ちでありながら日本の文化の型すなわち恥の文化に馴染めない人々が存在することをこそ問題にすべきだと思い付いたのです。

そもそも昔話に登場する片子というのは、そういう人たちではないでしょうか。一つの個体の右半分と左半分とが異なる人種であるということはあり得ませんが、肉体的特徴がある文化圏に多く見られるものであるのに深層心理的特徴は別の文化圏に多く見られるものだということならあり得ます。帰国子女の困惑はまさにそこから発生したものでした。しかし日本人の社会を注意深く観察すると、それと同種の問題が日本で生まれ、日本で育った人において発生した事例が存在することに気が付くでしょう。片子の物語は古い時代に発生したそういう事例から生まれたのかもしれません。そして日本人の社会が皆と同じでない者を厳しく排除する恥の文化を持っていることからすれば、片子が自殺に追い込まれるというストーリーがとくに日本において顕著であるという事実と符合します。

筆者は今「日本で生まれ、日本で育った人において発生した事例が実在する」と言いましたが、本書の第2章6節の内容がまさにそれであることを言い添えておきます。柳町は自殺をしませんでしたが、そこには「アメリカに救われた」という要因があったことを忘れてはなりません。もしその救助が無かったら、彼が長生きしても人類は偉大な科学的業績のいくつかを見ることができなかったかもしれないのです。先ほど筆者が言った「もっと厳しい問題」という言葉が言いすぎでないことを了解していただきたいと思います。

＊注：(1) 河合（1994）p.309.
(2) 同書 p.316.

7. 中村雄二郎

もう少しで「文化の型」に到達できた二十世紀人

(1) ここに採りあげる論文について

ここでは中村雄二郎（1925－）著『日本文化における悪と罪』[1]（1998 新潮社）から主として第1部第5章に収められた論文「恥の文化と非寛容」を採りあげます。その章のタイトルから明らかなように論考の焦点は恥の文化に合わせられていますが、恥の文化が一つの文化の型であることは認識されていません。当時のすべての文献と同様、その論文も「文化の型」の概念には一度も近づかずに書かれています。

その論文 の成立の経緯については、その本の「あとがき」にこう書かれています。

> また、第五章の「恥の文化と非寛容」は、一九九七年三月末に、パリで開かれたＡＵＣ（Academie universelle des cultures）の「非寛容について」と題するシンポジウムでの報告である。これもさいわいに、識者の関心を惹いたようで、「ル・モンド」紙でもとり上げられ、また、とくにリクール氏の求めで一・五倍ぐらいの長さに書き加えられた。なお、このＡＵＣというのは、エリー・ヴィーゼルが中心になり、Ｕ・エーコ、Ｐ・リクール、Ｊ・ルゴッフなどの協力のもとにフランス政府の後援で毎年開催している民間のアカデミー（学術・文化団体）である。[2]

このように当代一流の学者たちによって主宰される国際シンポジウムにおいて一定の評価を受けた論文をここに採りあげるのは、これによって20世紀末期の学界での『菊と刀』に関する認識の水準を見ることができるからです。『菊と刀』が発表されてから半世紀を経ていたことを思えば、それはもっと高くてもおかしくはありません。もし中村が正しい意味での「文化の型」について小さいヒントでも得ていたら、その論文は現に見られるものより遥かに高い水準に達した可能性があります。それが実現しなかったのは残念なことです。

＊注：(1) 中村雄二郎『日本文化における悪と罪』新潮社（1998)。
(2) 同上、p.353。

(2) 小さい進歩と大きい停滞

その論文の第1節「このテーマをとり上げた理由」の全文は次のとおりです。

〈非寛容〉という本アカデミーの今年度の共通テーマのなかで、私は、「恥の文化と非寛容」という主題を選んだ。〈非寛容〉というこの共通テーマが中東の民族的対立、宗教的対立を背景に持っていることは、もちろん私も承知している。しかし、日本人の私のように、ユダヤ教でもキリスト教でもイスラム教でもない宗教圏、ちがった文明圏に育ち生きている人間にとっては、これを直接論じようとすると、いくつかの困難に出会うことになる。というのも、それらの宗教、あるいはそれらの宗教を奉じている人びとの間の非寛容を実感を持って理解することがたいへん難しいからだ。また、立ち入ったそれらの宗教上の問題点を適切に論じることができないからである。

そこでむしろ、私たち日本人の〈恥の文化〉から見て〈宗教的非寛容〉がどのように見えるか、そのどこがいちばん理解しがたいのか、〈恥の文化〉には非寛容の問題はないのか、あるとすればそれはどのようなものか、などについて考えてみることにしたい。[1]

その論文の目的が明快に述べられています。これを読めば、続く第2

節で「恥の文化とはなにか」が論じられるのは当然と考えられます。その節を読んで筆者が感じたことを率直に言えば、旧来の思想に比べて微小な進歩があるということと、大きい停滞があるということです。進歩というのは、本書の序章3節にも引用した 'In anthropological studies …' で始まる文に対する訳が長谷川松治の訳と違って「諸文化の人類学的研究において重要なことは、恥に大きくたよる文化と、罪に大きくたよる文化とを区別することである」となっていることです。それまで見過ごされてきた長谷川訳の誤りの一つ（'rely heavily on …' を「…を基調とする」と訳している）が、50年も経ってからやっと改められたのです。『菊と刀』を読んだ人は大勢居たけれども几帳面に読む人がようやく現れたということが分かります。

しかしながら一方では、1950年代の論者たちの間違いがいくつか継承されています。次の文は中村のものですが、数個の問題点が見えます。

> このR・ベネディクトの『菊と刀』は、もともと、第二次世界大戦中に、アメリカが対日文化政策の一環として、〈もっとも得体の知れない敵〉日本の文化を研究したという、かなり特殊な事情のもとになされた研究であり、細かくいえばいろいろな問題がある。だから、『菊と刀』の刊行後、当然日本ではこれをめぐって盛んに議論がなされ、しばしば、考察における歴史的観点の欠如が批判の対象になった。しかしこの本は、自覚的に〈類型論〉的立場に立ったものとして、顕著な成果を挙げている。とくにそのなかの〈恥の文化〉という日本文化の規定は、以後、日本の思想界に大きな問題を投げかけてきた。一九九六年は『菊と刀』の刊行後五十年であったが、その提起した問題は少しも古くなっていない。[2]

まず、「……かなり特殊な事情のもとになされた研究であり、細かくいえばいろいろな問題がある」という表現は、中村の視線が重要なものに及んでいないことを暗示しています。その視線は、特殊な事情のもとになされた研究でも学問の歴史に特筆大書されるような結果を導くことがあり得るということに及ばなかったようです。偉大な学説は、周囲の事情が尋常であるか、異常であるかということとは関係なく生み出されるものです。研究の価値に大きく影響するのは、周囲の事情よりも、その研究をした学者が真に有能であったかどうかということなのです。そして並みの研究者が見て「細かくいえばいろいろな問題がある」と思われることと、それが偉大な学者の目にどう映じたかは多くの場合関係が無いということに注意すべきです（これについては関連する事柄が後で出てきます）。

中村は、ベネディクトの研究が「かなり特殊な事情のもとになされた」という点に注目しましたが、それがかなり特殊な方法でなされたことには注目していません。『菊と刀』について論議する場合に方法論を疎かにしたのでは、何もしないよりわけの悪い結果しか出てきません。そしてそれを問題にするにしても在来の常識的な方法論を基準にしたのでは話になりません。彼女はその本の第１章「研究課題―日本」で、日本の文化人類学的研究には在来の研究方法が役に立たないことも、理解する手段がまだ知られていない事柄を採りあげねばならなかったこともはっきり述べています。そればかりか彼女は自分が開発した方法の要点もその章に書きました。その方法は、中村が気にした「かなり特殊な事情」のためのディスアドバンテージも、「細かくいえばいろいろな問題がある」ことも克服するものでした。そしてそれによって彼女は日本文化の型を発見することができたのです。その詳細についてはすでに序章から本章にかけて述べましたからここには繰り返しませんが、1950－60年代の論客たちはベネディクトの方法論が前例のないものであることに何の配慮もしなかったのです。そのために、彼らはベネディクトの考察が歴史的観点の欠如という弱点を持っていると思いました。彼らはベネディクトが日本文化における超歴史的原理すなわち「日本文化の型」を発見したことに気が付かなかったのです。そして中村はその轍を踏み、「文化の型」を「文化の類型」と混同しました。

これは重大な誤解です。任意の国語辞典をごらんなさい。「類型」は静的なものとして定義されているでしょう。その語が用いられるのは、対象がどうであるかということに対してであって、それが成立する過程に対してでも、それによって何かがどうかなるということでもありません。これに対して「型」は、静的な意味と動的な意味の両方を持っています。「型を取る」とか「型にはめる」という動詞がそこから派生しますが、「類型」からはそういうことは起こりません。『文化の型』の第3章では 'recast'（鋳直し。第2章2節2項参照）という語が使われていますが、これは明らかに文化の型（pattern of culture）の機能の一つで、外来の文化的事象を本来の機能、役割と異なるところに適用することを言い表しています。こういう場合に文化の類型（type of culture）では 'recast' は意味を成しません。中村はこういうことに気付いていなかったのです。それで『菊と刀』におけるベネディクトの議論のことを〈類型論〉だと思ったのですが、そうすると「恥の文化」も一つの類型であり、静的なものと考えられることになります。このことは、先に引用した文に続いて述べられているところの、彼が理解した恥の文化の要点三か条に反映しています。その三か条とはこうです。

1. 西欧的な〈罪の文化〉と区別されるものに日本の〈恥の文化〉があり、後者のなによりの特色は、各人が自分の行動に対する世間の目をつよく意識していることである。
2. 〈罪の文化〉の基礎が罪責性であるのに対して、〈恥の文化〉は羞恥心が道徳の原動力をなし、恥が恥とされるのは、誰でも知っている善行の明白な道標に従えず、バランス感覚を欠くことにある。
3. 〈恥の文化〉の最高の徳目は〈恥を知ること〉にあり、恥を知る人とは、徳の高い人であって、それは西洋倫理における〈良心の潔白〉に匹敵している。[3]

これらはベネディクトが書いた字面をなぞっているだけで、紙背に徹する眼光が感じられない文章です。ここに掲げられているのはいずれも結果であって、過程ではありません。筆者は恥の文化の本質はここに書かれているような結果にあるのではなく、その結果をもたらす過程にあると考えます。たとえば珪砂と鉄鉱石の微粒の混合物が落下するとき磁場があると両者のすじ道が違ってくるので選り分けることができますが、恥の文化はその分離を起こさせた磁場に相当しているのです。先の三か条はいずれも鉄鉱石は珪砂と違ってこんなものだという話と同等です。

中村の認識はこういうところに届いていません。彼は長谷川松治が 'the way' を誤訳したこと（序章３節参照）の影響から抜け出していません。これは中村１人の問題ではなく20世紀末の時点でその 'the way' が何であるかを正しく認識した人が事実上居なかったということを意味します。これは一つには、西欧に恥の文化を理解できる学者、研究者がベネディクトの他には１人も居なかったためでもありましょう。しかし振り返ってみると、日本の学者、研究者の姿勢にも問題があるように思われます。彼らは明治の文明開化以来西欧人が構築した学問体系に頼り切って、西欧人が言わないことは存在しないという迷信に陥っていたのではないでしょうか。そしてベネディクトが突然日本人の心底にあるものを発掘し、新しい説を言い出したのを見ても、西欧人学者たちの中からそれを支持する人も同調する人も現れないので、自分のことが言われているにもかかわらず深く考えずにそのままにしておいたのではないでしょうか。そうとすれば強く反省すべきです。さもないと外国人に先を越されてあわてるという醜態を演じることになるかもしれません。心すべきことです。

＊注：⑴ 中村（既出）p.144.
⑵ 同上 p.146.
⑶ 同上 pp.146-147.

(3) 二文化の対立に関する新しい感覚

第３節「〈恥の文化〉から見た〈非寛容〉」の冒頭で中村はこう言いました。

> さて、R・ベネディクトの〈恥の文化〉論では言及していないけれども、〈恥の文化〉の基礎をなしているのは、多神教的な宗教観である。そこでは、一神教的な絶対的価値が存在していないため、自分と違う立場にあるものに対して比較的寛容である。少なくとも、一神教的な宗教に見られるようなあからさまな非寛容は起こりようがない。だから、逆に一神教的な世界で激しい非寛容に出会うと、私なども、ひどくおそろしい思いがする。(1)

「〈恥の文化〉の基礎をなしているのは、多神教的な宗教観である」と言っていますが、そんな断定をしてもよいのでしょうか。大いに疑問です。文化の型と宗教とのどちらが人間の心のより深いところに根を張っているかということについては、すでにこの本の第１章２節でマクナマラの言葉を通じて検討しました。そして第１章３節ではイプセンが書いたノラの台詞によって知るところがありました。どちらの場合にも宗教観が文化の型の基礎をなすということにはなりません。文化の型の方が人の心の根底にあって、宗教観の方は比較的浅いところにあると考えざるを得ません。

しかしながら中村の言う「そこ〔日本〕では、一神教的な絶対的価値が存在していない」という点については、必ずしも間違いとは言えません。この点について考えてみましょう。『菊と刀』の第12章の初めでベネディクトはアメリカと日本における赤ん坊の育て方の比較をしましたが、簡単に言うと、アメリカでは出生直後から成人の価値観によるしつけが行われるが日本では新生児にはすべての行動の自由が認められ、誕生後数か月を経てトイレット・トレーニングが開始されるときに初めて強制ということが行われるということです。筆者はこれをアメリカ人と日本人が異なった刷り込み（imprinting）をされることとして受け止めました。出生直後に刷り込まれた事象はその人の人生観の形成に影響を及ぼさずには済まないと考えられます。国民という集団について一定の傾向を持った刷り込みが行われるのであれば、その集団を形作る社会には特徴的な構造が見られるに違いありません。そういう視点からアメリカと日本を見て基本的社会構造の違いをごく簡単に図式化すれば下の図１と図２のように表現することができます。[2]

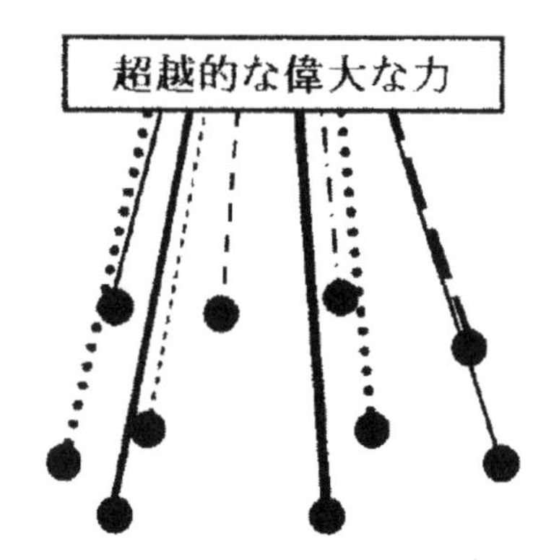

図１　アメリカの社会の基本構造　　　　図２　日本の社会の基本構造

図中●は各個人を表します。図１で「超越的な偉大な力」というのは誕生直後の赤ん坊に刷り込まれる親やその周辺の人々の強制力ですが、まだ自分と他者との区別さえ意識されず、この世に人間とそうでないものとがあるとさえ知らない幼い心にはそうしか言いようのないものと感じられるのです。これが長じてから一神教を信じることの素地になると言ってもよいかもしれません。それはともかく、その「超越的な偉大な力」と各個人とを結ぶ線が種類も太さも一様でないのは、その結びつきの様態や強さに個人差があり得ることを表しています。その結びつきが個性的であることはむしろ当然とされます。

一方、日本では赤ん坊が初めて強制力を受けるのは誕生後数か月経ってからです。数か月というのは赤ん坊にとっては非常に長い時間です。その間に彼はこの世に人間と人間でないものとがあることを知り、自分が人間の１人であること、母親も人間であることを知ります。そしてトイレット・トレーニングをはじめとしていろいろな強制を自分に加えるのがすべて人間であることを覚えます。そういう日本人の社会構造には、刷り込まれた要素——生涯の最初に経験したもの——としての「超越的な偉大な力」は入り込みません。

図２では各個人間の結びつきを表す線は種類も太さも一様になっています。そしてそれによって一種のネットワークが実現しているのが分かります。これが『菊と刀』の第５章で言われた「相互の負い目のネットワーク」です。そのネットワークを構成する要素としての各個人間の関係は集団全体に照らして常に均衡の取れたものでなければなりません。智にはたらいたり、情に棹さしたり、意地を通したりするとそこに不均衡が生じ、ネットワークが歪んで住みにくくなります。それがいやでも人でなしの国に行くほどの覚悟がなければ向こう三軒両隣にちらちらする唯の人に合わせていくしかありません。図２の種類も太さも一様な線は、それを表しています。

話が本筋から外れましたが元に戻しましょう。日本人は、中村が言うとおり、人間を超越する唯一の神に対して絶対的な信仰を捧げるという一神教の精神を知らないので、先の引用文の最後に言われた「ひどくおそろしい思い」をすることがあります。中村は自分の経験を述べた後でその恐ろしさのことを次のようにまとめました。

米ソの冷戦体制は終わり、〈湾岸戦争〉による危機も無事切り抜けた。そして未だに続いているのが、中東地域を中心として世界各地でくすぶりつづけている宗教的対立を根に持つ民族紛争である。民族的・宗教的対立の、つまりは非寛容のなによりの怖しさは、どんなに小規模の小競り合いであっても、最終的には自分の死に世界を道づれにするおそれがある精神構造である。核兵器や〈貧者の核兵器〉と呼ばれる細菌爆弾などが以前に比べるとはるかに入手しやすくなったいま、非寛容はいつでも世界全体を破滅に追い込む可能性を持っていることである。(3)

先の引用文とこの文とを見れば、中村が恥の文化と罪の文化の対立をそれ以前には例の無かった視点から把握していたことが分かります。これは、恥の文化を恥の現象あるいは恥の感覚と密着したものと考えている人にはできなかったことです。恥の文化に対する中村の考えには先ほど指摘した不十分な点がありますが、それでも恥の現象あるいは感覚に拘泥しなくなったことによって以前には考えられなかった広い展望が得られたのです。

＊注：(1) 中村（既出）p.148.
(2) 森貞彦『「菊と刀」の読み方 — 未来の文明のために』東京図書出版（2015）pp.244 － 245.
(3) 中村（既出）p.149.

(4) 自由と強制の狭間

前項では恥の文化の社会の寛容性が説かれましたが、何でもかでも見境なく寛容であるとは言えない一面もあることには注意が必要です。中村はこの点に関する論述を始めるに当たってこう述べました。

先に触れたように、〈恥の文化〉の特徴は、人々が絶対的な基準ではなく相対的な基準のうちに生きていることにある。しかしそれは、人々がいつでも相対的な基準による寛容の世界に生きていることを意味するものではない。なぜなら、本来は相対的基準であったものが、あるいは習慣として固定化し、あるいは緊迫した状況のもとでは絶対化して、かえって人々をつよく強制することがあるからだ。そこに、

〈恥の文化〉の画一化の力がある。[1]

これは「自由」とは何か、そして「強制」とは何かということを考えるときに発生する難しい問題の一つの入り口です。それは、ベネディクトが『菊と刀』の第３章で日本人の心の中の「地図」に言及した発言と突き合わせることによって見えてきます。

…There were genuine guarantees in Japan that aggressions would be rectified if they were acts that were not allowed on the existing map of conduct. One trusted the map and was safe only when one followed it. One showed one's courage, one's integrity in conforming to it, not in modifying it or in revolting against it. Within its stated limits, it was a known and, in their eyes, a dependable world. Its rules were not abstract ethical principles of a decalogue but tiny specifications of what was due in this situation and what was due in that situation; what was due if one were a samurai and what was due if one were a common man; what was proper to elder brother and what was proper to younger brother.[2]

日本には、侵略行為は、もしそれが現行の行動の「地図」の上で許されていない行為であるならば必ず矯正されるという保証が実際に与えられていた。人はこの「地図」を信頼した。そしてその「地図」に示されている道をたどる時にのみ安全であった。人はそれを改め、あるいはそれに反抗することにおいてではなくして、それに従うことにおいて勇気を示し、高潔さを示した。そこに明記されている範囲内は、既知の世界であり、したがって、日本人の眼から見れば、信頼しうる世界であった。その規則はモーセの十戒のような抽象的な道徳原理ではなくて、この場合にはどうすべきか、またあの場合にはどうすべきか、武士ならばどうすべきか、また庶民ならばどうすべきか、兄にはどういう行為がふさわしい行為か、また弟にはどういう行為がふさわしい行為か、というようなことをいちいち細かに規定したものであった。

中村が言うところの人々が生きていく基準が絶対的でないということをベネディクトは「その規則はモーセの十戒のような抽象的な道徳原理ではなく……」と言い表しました。ベネディクトの文にある「武士ならばどうすべきか、……弟にはどういう行為がふさわしい行為か」というのは、中村の文にある習慣として固定化した基準の例です。そして中村が「かえって人々をつよく強制することがある」と言ったことは、「その『地図』に示されている道をたどる時にのみ安全であった」という裏返しの表現になっています。

ここで慎重に考慮する必要があるのは、ここに見られた表現上の差異がどの程度深く考えるべきものかということです。と言うのは、先の文中で中村が使った「強制」という言葉が意味するものと、恥の文化の社会での「強制」とは異なる内容を持っているからです。ベネディクトが慎重に 'One trusted the map and was safe only when one followed it.' と、積極的な強制を意味する 'force' という語を避けて言い表したのはこのためであったと考えられます。日本人が「地図」に従わないとどうなるかは、いろいろなケースがあって一概には言えないかもしれませんが、夏目漱石が『草枕』の導入部に書いた次の文に言い表されているのは決して例外的な現象ではありません。

> 智に働けば角が立つ。情に棹させば流される。意地を通せば窮屈だ。兎角に人の世は住みにくい。
>
> 住みにくさが高じると、安い所へ引き越したくなる。どこへ越しても住みにくいと悟った時、詩が生まれて、画が出来る。
>
> 人の世を作ったものは神でもなければ鬼でもない。矢張り向ふ三軒

両隣りにちらちらする唯の人である。唯の人が作った人の世が住みにくいからとて、越す国はあるまい。あれば人でなしの国へ行く許(ばか)りだ。人でなしの国は人の世よりも猶住みにくからう。〔傍点は原文のとおり〕

日本では、ベネディクトの言う「地図」に示された範囲を逸脱して智に働いたり、情に掉さしたり、意地を通したりすると人の世に住んでいられなくなるのです。しかしそれは、たとえばユダヤ人がヒットラー治下のドイツに住んでいられなくなったこととは異質の現象です。警官が来て捕らえようとしたり、群集から石つぶてが飛んで来たり、焼き討ちを仕掛けられたりするわけではありません。それでも当人にとっては生命にかかわる脅威を受けます。そのときどういう形で脅威が迫るかは、たとえば太宰治作『人間失格』や森鴎外作『阿部一族』に生き生きと描写されています。それは確かに重大な脅威ですが、最後の決断は必ず「自己責任」――ベネディクトが「刀」に喩えたもの――において為されます。

そして智に働いたり、情に掉さしたり、意地を通したりしない人々は一見やすやすと快活に社会生活をしていますが、そこには別の問題が起こりがちです。先ほど引用した文の直後に中村はこう書き加えました。

　そのことは、日本社会ではムード的な共同性が成り立ちやすく、問題によってはきわめて能率的に社会が方向付けられうる一方で、一人ひとりが気がつかないうちに共犯関係のうちに取り込まれ、責任の所在がひどく不明確になるということのうちに見られる。(3)

この指摘は適切ですし、ここには掲げませんがそれに関連してその文の直後に挙げられた事例もまず問題ないと思います。しかしながら、さらにその後に続く議論には注意が必要です。それについては項を改めて述べましょう。

＊注：(1) 中村（既出）p.150.
(2) Benedict（1954）pp.70-71.
(3) 中村（既出）p.150.

(5) 地理的条件の過大視と文化の型への無理解

中村は日本の地理的条件について次のように言いました。

日本の文化は、恥の意識と穢れの感覚を依然として根底に持ちつつ、七世紀以来は中国大陸から仏教思想を受容し、日本化した。その一方で、この一世紀あまりの期間にはキリスト教的な西欧思想を大きく採り入れた。その際に、それらの間にある容易に融和させがたい諸問題を、解決したというよりは緩やかに共存させることで、これまである程度うまく切り抜けてきた。

しかし、いまや、世界的にも新しい状況のなかで、多くの新しい難問に逢着している。

一つは、共同体に対する個人の〈帰属〉がもたらす問題である。この帰属の前提としてあるのは、日本の場合、国土が四方海に囲まれ、そこにほぼ共通の言語を持った民族が多数棲み、永い歴史のうちに、単一の文化圏を形づくってきたことである。古くまで遡（さかのぼ）ったり、細かく見たりすれば、民族的にも言語的にも海外との往来や混淆があった。それでも、まわりの海によって国家的な同一性や文化的同一性が守られてきたということの意味は大きい。というのも、まわりの海によって自然的に〈区切られた場所〉がもたらされたからである。[1]

ここには少なくとも二つの問題があります。第一の問題は「恥の意識」が日本文化の根底にあるという考えが表明されていることです。これは、中村が恥の文化を人間の意識の問題として捉えていたこと、言い換えるとそれが無意識の領域に属するものとは考えていなかったことを暗示しています。それゆえ前項で見た「諸文化の人類学的研究において重要なことは、恥に大きくたよる文化と、罪に大きくたよる文化とを区別することである」という、『菊と刀』の第10章にある注目すべき文も、人間の意識的行為の範囲でしか理解されていないのです。これでは「恥の文化」が何であるかを理解したことにはなりません。中村は、当時（1998年）としては無類の視点から『菊と刀』を読み、日本人の行動を分析していながら、ベネディクトが『菊と刀』ばかりかそれより12年前に著わした『文化の型』でも人間の無意識の領域にあるものを論じていたことに気付かなかったのです。彼女が無意識を問題にしたことは、なにも複雑で困難な分析の末に知られることではなく、『文化の型』や『菊と刀』を注意深く読むだけで分かることなのです。それなのに中村は、無数の学者、研究者たちと同様、それができませんでした。これは、彼自身の無意識の中に他の人々と同じ「型」があって、それでもってベネディクトの言葉を「鋳直した」からであろうと考えられます。

もう一つの問題点は、「まわりの海によって自然的に〈区切られた場所〉」が「個人の〈帰属〉」に大きい役割を果たしてきたとして、それが世界的にも新しい状況の中で逢着する多くの新しい難問の一つをもたらすという認識がされていることです。これを言うに当たって、7世紀以来仏教思想を受容し、19世紀後半からはキリスト教的西欧思想を採り入れていながら、それらと厳しく対決しなかったけれどもこれからはそういうわけには行くまいという前提が置かれています。しかし筆者はこの考え方にいささか疑問があると思います。

まず、自然的な区切りと文化的境界との間に密接な関係があるかどうかという問題があります。『文化の型』を読んだ限りでは、そこに関係があるとは考えられません。「恥の文化」と「罪の文化」との区別は文化の型に対する一つの分類ですが、文化の型を決めるのは一つの社会（部族とか、国民と言ってもよろしい）の人々の全体としての無意識的

「目標」です。「目標」と言うと堅苦しいけれど「好み」と言えば分かりやすいかもしれません（「恥」を頼るか、「罪」を頼るかということもその一例です）。『文化の型』によれば、その「目標」あるいは「好み」は、同じ地方の、地理的障碍がほとんど見当たらない複数の地域に住む部族の間で著しく違っている場合があります。その結果、ある部族が武器として使っている器物と同じ物が別の部族では祭祀用具として使われるというようなこともあるのです。その一方、恥の文化は日本だけに存在するのではなく、数千キロメートルも離れたニューギニアやメラネシアにもあります。それでいて、もっと近い中国やフィリピンの文化の型はそれほど日本と似ていません。[(2)] 柳田國男の言う「海上の道」がニューギニアやメラネシアと日本をつないでいたという見方もあるかもしれませんが、そうであればなおのこと「まわりの海によって自然的に〈区切られた場所〉」という条件を重視する理由が薄弱になります。ある社会での全体としての無意識的「目標」あるいは「好み」は自然的な区切りと無関係であるとしなければ矛盾を避けることはできません。

次なる疑問は、古代の仏教伝来や近代の西洋文明受容を「それらの間にある容易に融和させがたい諸問題を、解決したというよりは緩やかに共存させることで、これまである程度うまく切り抜けてきた」ということは事実として、もっと立ち入った話はできないかという点にあります。それをきちんと見ておけば、今後起こり得ることに対しても、中村が言うよりしっかりした見通しを立てることも可能になるかもしれないのです。日本人がこれまである程度うまく切り抜けることができたのはなぜでしょう。それを説明するのは大して難しいことではありません。それは、智に働くことも、情に掉さすことも、意地を通すことも、すべて控えめにしたからでしょう。そしてそれには確かな理由があります。7、8世紀の中国にしても、19世紀の欧米列強諸国にしても、日本より圧倒的に強い力を持っていました。それは663年の白村江の戦いや、1863年の薩英戦争、1864年の馬関戦争等によって明白になっていました。そういう強い国々の文明を取り入れようかというときに、自分の智情意を振りかざして外国人との間に気まずい関係を作ってことさらに人の世を住みにくくするのは日本人の好みではありません。この点では中国人とずいぶん違っていて、むしろ相手に合わせて自分を相手のようにしようと努力するのが日本人のやり方です。もっとも、自分を相手のようにすると言っても外見だけであり、ベネディクトが「地図」の比喩に関連して言ったように、「この場合にはこうする、あの場合にはああする」ということがある程度似ていればそれでよいのです。これは、まったくのところ、恥の文化のやり方です。恥の文化は人の無意識の領域にあるので歴史を超越して不変です。それで日本人は、1945年の敗戦の後にもそのやり方を意識せずに踏襲し、自分の智情意を抑制してアメリカ人とうまくやっていくように努め、いろいろなシステムをアメリカ化しました。今後も日本人は、相手が中国であるかアメリカであるかというようなことは変わるかもしれませんが、自分の智情意を抑えて強い者、大きい者に合わせるという意味ではほぼ同様なことをするでしょう。

「永い歴史のうちに、単一の文化圏を形づくってきたこと」については、「まわりの海によって国家的な同一性や文化的同一性が守られてきたということ」が全然無関係とは言えませんが、そういうものによって守られるのは人間の意識の領域にあるものだけだという点に注意すべきです。もっと重要な要因——文化の型が無意識の領域にあること——を忘れてはなりません。

*注：(1) 中村（既出）p.151.

(2) 中国と日本の文化の型の違いについては『菊と刀』にある二、三の事例から推測することができる。たとえば第3章にある 'The hierarchal arrangements …' で始まる段落はそれを示唆している。フィリピンについては、16世紀にスペイン人が渡来してからキリスト教が広まり、住民の大多数がそれに帰依したという事実がある。同じ頃日本でもキリスト教の布教が試みられ、信徒の数が30万に達したと言われているが、幕府の弾圧によって壊滅した。その後明治になってから禁教が解かれたが、フィリピンのようなキリスト教国には程遠い布教率にしか達しなかった。この違いは文化の型の差異を暗示していると考えられる。

(6) 文化の型に根差したサンクションの厳しさ

中村が重視した空間的「場所」と恥の文化との関係について、もうすこし深く考察しましょう。まず注意すべきは、この考察に際して『菊と刀』の第10章にある次の言葉は決して忘れてはならないということです。

> The primacy of shame in Japanese life means, as it does in any tribe or nation where shame is deeply felt, that any man watches the judgment of the public upon his deeds. He need only fantasy what their verdict will be, but he orients himself toward the verdict of others. When everybody is playing the game by the same rules and mutually supporting each other, the Japanese can be light - hearted and easy.(1)
>
> 日本人の生活において恥が最高の地位を占めているということは、恥を深刻に感じる部族または国民がすべてそうであるように、各人が自己の行動に対する世評に気を配るということを意味する。彼はただ他者がどういう判断を下すであろうか、ということを推測しさえすればよいのであって、その他者の判断を基準にして自己の行動の方針を定める。みんなが同じ規則に従ってゲームを行ない、お互いに支持しあっている時には、日本人は快活にやすやすと行動することができる。

注意しておきますが、「他者」（others）は日本人のセンスでの「他人」ではありません。それは自分以外のすべての人で、両親も、兄弟姉妹も「他者」です。しかもこの場合、身近な他者ほど強い影響力を発揮するのです。「身近」というのは血縁関係ではありません。一つ屋根の下で生活する親や兄弟姉妹はもちろん最も重要な他者ですが、たとえば遠方で世帯を持った息子や娘、兄弟姉妹等はしばしば疎遠になり、それほど重要でなくなります。

ここに「恥を深刻に感じる」という行動パターンに至るすじ道が顔をのぞかせていることに注意すべきです。「快活にやすやすと行動することができる」という安心感は、そのすじ道の何よりの道標なのです。日本人は、身近な他者と互いに支持し合うことによって安心感を持ちます。そこにあるべき安心感を持てない状態は「恥」です。

なぜ日本人が身近な他者と互いに支持し合うことによって安心感を持つのかというと、『草枕』から引用した文にあったように、「人の世を作ったものは神でもなければ鬼でもない。矢張り向ふ三軒両隣りにちらちらする唯の人である」と思っているからです。日本人は、あらゆるものは全知全能の神によって作られ、神の律法によって支配され、もし掟に背けば神によって罰せられるというような思想には馴染めません。このことについてはすでに第３章６節３項で話しました。

筆者はここに日本における恥の文化の源泉があると思います。もちろん、日本中のすべての母親がベネディクトの言ったとおりの育児方法を用いていると信じているわけではありません。しかしこういうことは厳密であることを必要としません。必要なのは社会的サンクションが存在することです。祖母もそうした、母もそうした、姉もそうした、隣の花子さんも、向かいのさやかさんもそうしている……といった事例の積み重ねがあるときに、たまたま小学校で同級生だった吉江さんがアメリカ人のするような育児方法を用いたとしてもそれを採り入れようという気はなかなか起こりません。「みんなが同じ規則に従ってゲームを行ない、お互いに支持しあっている時には、日本人は快活にやすやすと行動することができる」けれども、そうでないことはなかなかできないのです。人の行動は、特に意識しなくても、ひとりでに伝統的な方法――これは紛れもなく一つの「すじ道（the way）」です――に沿って行きます。これがサンクションの働きです。

中村の論文に戻りましょう。前項に引用した「日本の文化は、恥の意識と穢れの感覚を…」で始まる叙述に続いて彼はこう述べました。

> このような地理的・歴史的な条件に加えて、日本では、政治的・社会的にも一種の君主制である〈天皇制〉が古代以来維持されてきた。天皇制が国家的同一性と文化的同一性によって守られるとともに、逆にそれらを強化する働きをし、同一性・統一性を内面化することになった。日本において天皇制が単なる政治制度ではなく、文化概念の性格をつよく帯びているのも、このような事情によるのである。[(2)]

そして彼は天皇制を一つの文化概念として考慮することを正当化するものとして三島由紀夫の『文化防衛論』（本章第３章２節参照）を挙げました。

> 天皇制が積極的な意味をこめて文化概念であると言ったのは、一九七〇年に四十五歳で〈自己劇化〉の果てに自決した作家の三島由紀夫である。彼は六〇年代の末に『文化防衛論』を書いたが、それは当時、彼が、なによりも、共産主義的な革命が日本に及ぶことを危惧し、〈天皇制〉をもって守るべき文化的価値、日本の〈歴史的連続性・文化的統一性・民族的同一性の他にかけがえのない唯一の象徴〉だと考えたからである。[(3)]

しかしながら筆者の見るところでは、これは当を得た話ではありません。すでに第３章２節で見たように、『文化防衛論』は文化というものを甘く見た迷論です。三島はまるで天皇制が日本文化の大黒柱であるかのような議論をしましたが、それが正しくないことは日本文化を支えた民衆の存在を無視するという重大な誤りを犯していることに気が付けば理解できるでしょう。中村が『文化防衛論』を肯定的に見る限り、筆者は天皇制の文化的意義に関する彼の見解を支持できません。

とは言ってもこのことは「場所」と恥の文化との関係について考察することを妨げません。天皇制とは別のところで恥の文化が個人の生死にかかわる強い地方的サンクションを発揮することがありますから、それを見ておきましょう。

一例を挙げれば、森鷗外作『阿部一族』――これは小説ですが、古文書に記録された事実に即したものだと言われています(4)――の主人公阿部弥一右衛門が自害に追い込まれた経緯がそれに当たります。肥後五十四万石の大名細川忠利（1586－1641）が瀕死の病床にあったとき、彼の下で忠勤を尽くした武士19名が殉死を願い出ました。忠利はいずれも慰留しましたが、そのほとんどは再三にわたる熱心な懇願が通って殉死を許可されました。ところが弥一右衛門だけは何度願い出ても許可されませんでした。そこには誰もが納得するような理由はありませんでした。それでも殉死するなという君命に背くことはできないと信じた弥一右衛門は、忠利の没後他の殉死志願者たちがすべて後を追った後も前と変わりなく登城し、藩務を処理しました。ところが、誰も「腹を切れ」とも「なぜ腹を切らないのだ」とも言わないのに何となく、生きていては具合が悪いことになってきました。亡くなった忠利は彼に生きて次代の藩主に忠勤を尽くせと言ったのですが、藩中の誰一人として弥一右衛門がそれを実行するとは思っていなかったのです。忠利の遺志を守ったふりをして内心喜んでいるのだろうという悪意のある解釈を込めたうわさが流れ、それが人々の態度に見え隠れさえしました。結局彼は、自分が臆病者でないことを証明するために遅ればせながら「殉死」を遂げました。

＊注：(1) Benedict (1954) p.224.

(2) 中村（既出）pp.151-152.
(3) 同上 p.152.
(4) ウイキペディア「阿部一族」(2016年2月28日18時20分現在)

(7) 20世紀末までの論者たちに欠けていたもの

ズバリと申しましょう。20世紀末までに『菊と刀』に関する考察をした人々に欠けていたのは視野の広さです。ベネディクトがその第1章の 'This professional concern with differences …' で始まる段落の終わりに近いところで言った次のセンテンスを思い出してください。

> There was nothing he could take for granted in his tribe's way of living and it made him look not just at a few selected facts, but at everything.[(1)]
>
> 彼が研究する部族の生きるすじ道には初めから当然のこととして決めてかかってもよいものは何も無かったし、それゆえに彼は少数の選ばれた事実でなく一切合財に目を向けることになった。

それで彼女は、はた目には手を広げ過ぎと思われるほどいろんなことを採りあげました。『菊と刀』に表れただけでも、詔勅から夜這いまで、日本のあらゆる階層で見られる多種多様な現象が採りあげられています。その背後にさらに数多(あまた)の資料が言及されないまま論述をバックアップしていたことは想像に難くありません。ベネディクトは、頭の悪い学生とは違って、自分が調べたことを何もかも並べるような愚行はしませんでしたが、そんなものを全部さらけ出さなくても日本国内に立ち入らずによくここまで調べることができたものだと思われるほどです。彼女を批判した人たちと称賛した人たちの全体を通じて、一体幾人が彼女と比較できるほどの広汎なリサーチをしたでしょうか。筆者は日本に居る日本人でさえそこまでした人があるとは聞いていません。

このことは現代の学問の大きい問題点を暗示しているように思われます。学者たちは人間というものを甘く見てきたのではないでしょうか。19 世紀中頃までは人間に無意識というものがあることにさえ気が付きませんでしたし、それが知られてからでもそれを研究したのは主として精神科の医師たちで、それ以外の人たちは多くの場合、医学の分野からもたらされた知識に頼っていたのです。そのためややもすれば個人の問題を超えて無意識を研究することが手薄になりがちであったのかもしれません。

これを論じるには次のこともよく考える必要があります。いかなる未開人も独自の言語を用いて集団生活をします。それは歴史が始まるより何万年も前からのことです。そしてその長い年月の間に、各集団に独特の文法や語彙の体系が出来上がってきたのです。そのとき意識というものがどれほどの役割を果たしたでしょうか。それと無意識が果たした役割とのどちらがより大きかったでしょう。明らかに、語彙の体系が成立するには意識が大きくかかわったと考えられます。語彙の体系は人間の意識の領域に登場する対象を分別する役割を担うからです。しかし文法の体系はそうではありません。意識の領域で分別された複数の対象の間の関係を整序するのが文法の体系で、そこではむしろ無意識が主要な役割を担います。しかもその文法の体系は語彙の体系に対して強い影響力を持っています。ところが研究者たちがそれに気付いたのは 20 世紀に入ってからでした。

文化人類学研究もまたこれと似た経過をたどりつつあると言えます。フレーザーが『金枝篇』を書いた頃（19 世紀末期）には語彙の体系に相当する風俗習慣ばかりが注目されていました。文法の体系に当たるものが注目されだしたのはボアズやマリノフスキーが社会ダーウィニズムを克服して活躍した 20 世紀初期のことです。ベネディクトはそういう環境の中で学者としての成長を遂げたのですが、そのとき師ボアズの文化相対主義から強い影響を受け、それを自分のものにしたばかりかさらに大きく発展させました。それは、多くの精神医学者が重視したフロイト流の個人を重視する精神分析学を無視するわけではないけれども、集団に対して大きく注意を払うユング流の分析心理学の方に重点を置いたものでした。しかしこのことは今に至っても文化人類学あるいは比較文化論の研究者たちがまだ十分呑み込んでいないことのように思われます。集団に対して大きく注意を払うとすればまず「一切合切」に目を配らねばなりません。たとえば誰が、誰に、いつお辞儀をするかというようなことでも、ささいなこととして見過ごしてはならないのです。彼女が『菊と刀』の第１章で言ったのは厳しい理由があってのことなのです。

筆者が『日本文化における悪と罪』を読んで感じたことのうちで最も重要な点は、中村こそ20世紀中にそこに最も近づいた学者だということです。

＊注：(1) Benedict (1954) p.10.

終　章

私たちは何を為すべきか

1. 個人主義の見直し

筆者はここまでに何度も「集合的無意識」という語を使いました。ベネディクトがそれを重要視したと考えてのことですが、もしかしてこのことに疑問を持たれる読者が居られるかもしれないと気になりますのでご注意申し上げます。

問題は、人間の集団が集合的無意識を持っていて、それが各個人の行動に支配的な影響を及ぼすという考え方が個人の尊厳を冒すのではないかという点にあります。言い換えると集合的無意識を重んじる研究方法は必然的に個人主義と衝突するということです。たしかに個人主義は西洋の思想史の中で長い伝統を持っており、非常に有力であることは事実でしょう。しかしながら筆者はノイマンが次の発言をしたことを重く見ます。彼が個人主義の歴史と勢力をよく知っていたことを疑う余地はありません。それにもかかわらずこんな文を公表したのは100％の自信があったからに違いありません。

> 自我と意識が無意識の威力から解放される過程はそれ自体は肯定的なものであるが、西洋の発達においては否定的なものとなってしまった。この過程が意識－無意識という体系の分離に留まらず、それをはるかに越えて両者の分裂にまで行き着き、またちょうど分化と特殊化が堕落して過度な特殊化となるように、発達が進む中で個人と人格の形成に留まらず原子（アトム）化された個人主義を生じさせるまでに到ったのである。過度に個人化された個人の集団が絶えず増えてきている一方で、原始的集団の始源状態から脱け出たますます多くの人間大衆が歴史過程に足を踏み入れてきている。この二つの発達は、人間が意識的かつ無意識的に互いに結びついて一体性をなすという集団の比重を低め、結びつきのない個々人の鵜合の衆としての大衆の比重を高める傾向を

もっている。[1]

「西洋の発達においては」という条件の下で見れば「原子(アトム)化された個人主義を生じさせるまでに到った」という現象が見えるのですが、それは自我と意識が無意識の威力から解放される際の一般的な過程を逸脱したものと見られているのです。その逸脱した過程の産物としての個人主義の結晶とも言うべき個人の尊厳をあたかも人間の本質であるかのように信じて、これを犯す恐れがあるという理由で分析心理学を遠ざける人があるとすれば、その態度は批判されるべきです。それは一種の西欧的エスノセントリズム（自文化中心主義）です。

個人の尊厳に高い価値を認めることは、西欧人が承認したすじ道に導かれた帰結の一つであり、彼らが全世界の根本だと思っているものの一つの相貌なのです。他の文化のすじ道に従えば帰結は別のところになり、個人の尊厳とはまったく違ったものが全世界の根本に見えるのです。すなわち個人の尊厳というものが人間の本性だという考え方は、絶対的ではなく、相対的なものだということです。これに類することは他にいくつもあります。たとえば基本的人権の価値もそれに似たものです。

『菊と刀』が半世紀を遥かに超える長期にわたって言わば店晒(たなざらし)のような状態になっていたことの原因は、もしかするとこういうこと――個人の尊厳とか基本的人権等の価値が特定の地方の文化に由来するということ――を納得しない人が多いためかもしれません。その納得を得るためには、実例を挙げてそういう価値観が無くても永続的な社会が成立することを示すのがよいと思われますが、日本に独特の文化の型が存在するということはそれに打ってつけの事例です。日本人はその問題に人々の注目を集めるためにこそ『菊と刀』を活用するべきです。そして私たちは未来の文明を確立するために、まず個人主義を見直すことをしなければなりません。

＊注：(1) ノイマン（前出）p.647。

2. 真実を貫くこと

誤解のないように言っておきますが、筆者は日本人が個人の尊厳や基本的人権を尊重することが間違いだと言っているのではありません。それらを尊重すべきことが憲法に明記されてからすでに70年になろうとしていますが、その間に日本人はそれらが自分たちの生活に役立つことをかなりの程度に実感してきました。今になってそれらを日本人の生活から取り除いて江戸時代や明治時代の人生観に戻すことは不可能です。筆者は現行の憲法の下で日本人が個人の尊厳や基本的人権を守りながら生きていくのを少しも不都合とは思いません。ただ、それらが人間の本性に基づく徳だという迷信に陥らないことは必要です。そしてそれらが外来の思想であることも忘れてはなりません。これらの注意を怠ると、かつて日本人の精神に大きい影響を及ぼした教育勅語の失敗を繰り返すことになりかねません。

1890（明治23）年に発布された教育勅語は、まず「朕惟(ちんおも)ふに我が皇祖皇宗国を肇(はじ)むること宏遠(こうえん)に、徳を樹(た)つること深厚なり」と、歴代天皇の遺徳が優れたものであったと誇らしげに言うセンテンスで始まり、その上で、「父母に孝に、兄弟に友(ゆう)に、夫婦相和(あいわ)し、朋友(ほうゆう)相信じ、恭倹己(きょうけんおのれ)を持(じ)し、博愛(はくあい)衆に及ぼし、学を修め、業を習い、以て知能を啓発し、徳器を成就(じょうじゅ)し、進んで公益を広め、世務(せいむ)を開き、常に国憲を重んじ、国法に遵(したが)い、一旦緩急(かんきゅう)あれば義勇公に奉じ…」という、儒教、仏教、キリスト教等の教えを見境も無く並べた上に、近世以後の西洋の思想をもつまみ食いのように取り入れたばかりか、恣意的な事項をも加えた徳目を羅列したものですが、その後で「斯(こ)の道は実に我が皇祖皇宗の遺訓にして…」と、無理やり歴代天皇に結びつけたものです。筆者はそこに掲げられた徳目がそれ自体としては悪くないと思いますが、決して十分ではありませんし、根拠薄弱なままに歴代天皇に結びつけるのはいかにも無理で、聖典と言うことなどとうていできないものと思います。

その勅語が教育の場で聖典として崇められた一方、たとえば「博愛衆に及ぼし」という徳の説明に当たってナイチンゲールの活躍が語られ、「徳器を成就し」という徳目に関連してエジソンの業績が語られるというようなことは誰も問題にしませんでした。このようにどう見ても「我が皇祖皇宗の遺訓」から離れたものを持ち出さねば評価し難いものを聖典にするという矛盾は、19 世紀最後の 10 年間と 20 世紀初期の 40 年間の日本の青少年に歪んだ道徳観を植え付けたと考えられます。そしてそれと符合する事実があります。その時期に初等教育を受けた人たちが日本を背負って活躍する時代になって国運をかけた戦争という大問題に立ち向かったら、日清、日露の戦役を勝ち抜いてきた先輩たち——彼らが育ったときには教育勅語はありませんでした——に顔向けできない惨めな結果になりました。

教育勅語は真実を歪めて憚らない起草者の不徳を反映した文書ですから否定されて当然です。日本人が全体としてこのことを認識したかどうかは確認されていませんが、とにかく彼らはそれに代えて新憲法と教育基本法を制定し、個人の尊厳や基本的人権の尊重を含む戦前には無かった徳の体系を構築しました。しかし、新しく取り入れたものが日本文化の型に根差していないことに対する認識は欠けたままです。これは日本文化の型というものが知られていなかったので無理もないことですが、早急にその認識を確立すべきです。なぜなら、ある重要な問題に取り組むときに底力がどこから出るかは日本人と他国人とで違うからです。国民的底力は必然的にその国の文化の型に沿ったものになります。私たちは自分の国についても、他のすべての国々についても、あくまで真実を尊重した研究をする必要があります。それは 20 世紀に起こった人類史上最大の悲劇を繰返さないためにも、またそれとは異なった相貌を持った別種の悲劇を招来しないためにも必要不可欠なことです。

3. 理想の追求

個人の尊厳とか基本的人権という問題とは別のところを見ましょう。西欧人が理性を尊重して科学や技術を発展させ、それによって強い軍隊を組織して国力の隆盛を得たことを知った日本人が19世紀後半から20世紀初期にかけて彼らの後を追い、強大な軍備を整えて彼らと対決しようとしましたが、当時はそれが日本文化の型に添ったことかどうかを知るよしもありませんでした。日本人は武器を整備し、武術を錬磨し、天皇の下に結集する臣民としてのモラルを堅持すればその対決を有利に導くことができると思っていましたが、実際に行うと無残な敗北になってしまいました。これに対する反省はすでにいろいろ言われていますが、文化の型を見据えての議論はまだされていません。

日本人はまだ近代的戦争の根底に罪の文化があることを認識していません。小銃から核兵器に至る多種多様な武器の開発と生産も、その運用も、戦術も、戦略も、単なる技術として覚えても実力にはなりません。そんなことをすると、本書の第2章7節で見たように、彼我の文化の差から生じたトラブルに足を引っ張られることがあります。しかしそういうことは歴史全体から見れば小さいことで、もっと大きい問題に注目する必要があります。

当時の日本の軍人が考え出したところの、真珠湾を奇襲攻撃するという戦略が当初考えられたのと逆の効果を生んだという重大な間違いは、広い意味の文化に対する無知から生まれたのです。すなわち日本人は奇襲攻撃によってアメリカ海軍の太平洋艦隊主力に大打撃を与えればアメリカ人は意気阻喪して早期に手を上げるだろうと考えたのですが、実際にはその逆のことが起こりました。宣戦布告をする前に攻撃が行われたためにアメリカ人はそれをだまし討ちと捉え、それまで対日戦争に反対していた人たちまでが remember pearl harbor の掛け声の下に一致団結して戦争完遂の決意を固めました。彼らには、やられたらその何倍もの仕返しをするという気風[1]があり、遂には広島と長崎への原子爆弾投下を真珠湾攻撃の仕返しと位置付けることさえしました。要するに当時の日本の軍人は、自分が考える戦争と、敵が考える戦争とが違うことに気が付かなかったのです。これではまるで相撲を取るつもりでプロレスのリングに上がるようなものです。

日本人が世界のどの国にも引けを取らない地位を確保して国際社会に貢献するには、世界各国の文化の型を詳しく知ると同時に日本文化の型を世界に認めさせることを怠ってはならないと思います。それはベネディクトが『菊と刀』の第１章で述べた次の言葉で表されている世界の実現のための必要条件です。

> The tough-minded are content that differences should exist. They respect differences. Their goal is a world made safe for differences, where the United States may be American to the hilt without threatening the peace of the world, and France may be France, and Japan may be Japan on the same conditions.[2]
>
> しっかりした心を持つ人々は差異が必然的に存在することに満足する。彼らは差異を尊重する。彼らが目指すところは差異があることに対して安全な世界であって、そこでは合衆国は世界の平和を脅かすことなく徹底的にアメリカらしい国であり得るし、同じ条件の下でフランスはフランスらしく、日本は日本らしくあることができる。

世界の国々が相互に理解し合うのでなければ、この「しっかりした心を持っている人たち」の理想は実現しないでしょう。そしてその理解は、専門の学者や政治家だけが持っても十分に機能するとは考えられません。庶民の水準まで行き渡るのでなければ扇動者に乗せられるということが起こる場合もあるでしょう。それを防ぐにはどうしても普通教育で文化相対主義を徹底させねばなりません。しかもそれは世界的規模で行わなければ十分な効果が期待できないのです。

それはすぐに実現できることではありませんが、始めなければいつまで経ってもできません。ならば自分の手の届くところから始めましょう。まずは日本文化の型を世界に認めさせることから始めましょう。日本の恥の文化の細部まで、良いことであるか良くないことであるかの判断はせずに全部さらけ出し、他国の文化の型についてもそれと同様の扱いを求めるのです。恣意的な隠蔽は一切あってはなりません。

この作業だけでもするべきことは山ほどあります。その先の過程を考えると気が遠くなるかもしれません。それでも私たちは、恒久的な平和を望むならそれを避けるわけには行きません。難しいことだとは思いますが、筆者が今言えるのはこんなことだけです。以上のことが筆者より優れた人物の目にとまって、同じ目標に達するもっと効果的な方法が考案され、実行されればありがたいことだと思います。

＊注：(1) これは日本人の報復の思想とはずいぶん違う。日本人は被害と復讐の均衡が取れていなければならないと考える。たとえば、赤穂浪士の吉良邸討ち入りは上野介１人を殺害することに目的を絞り、抵抗しない者には危害を加えず、火災予防に気を配り、近隣に迷惑を及ぼす恐れのある飛び道具は使わなかった。

(2) Benedict（1954）p.15.

あとがき

筆者が『菊と刀』に関する本を初めて著したのは2002年のことで、題名は『菊と刀再発見』でした。その本の第2章「未知の世界を開く」のA項「〈文化の型〉と言わずに〈文化の型〉の概念を与える」の最初の三つの段落をご覧ください。

『菊と刀』はずいぶんいろいろな意味で誤解された書物であるが、いちばん理解されなかった点は、たぶん、ベネディクトが誰一人として知らなかったことを研究したということであろう。このことは、『菊と刀』に言及した多くの人たちの発言に影を落としている。そしてその発言は、ずいぶん多岐にわたっている。これは、彼女が多くの面で並外れて独創的な研究をしたことを暗示する。それは広範囲にわたるだけでなく複雑であるので、一度に見渡すのは難しい。それで、ほどよく区切り、部分的に見ていくことにしよう。

注意しておくが、ベネディクトの非常に独創的な研究は『菊と刀』で始まった事ではない。一九三四年に発表された『文化の型』（米山俊直訳、社会思想社、一九七三年。原題は*Patterns of Culture*）がすでにそうであった。彼女が発見し、その本の主題にした「文化の型」は、それまで誰一人として知らなかったものである。しかしこのことは、文化人類学の専門家の間でも十分に理解されず、一九七〇年代に至ってもまだ、文化の型と、もっと前から議論の対象になっていた文化の様式（types of culture）との区別を知らない高名な学者が居た。

「文化の型」の概念をきちんと把握することは、『菊と刀』を理解するための必要条件である。しかしベネディクトは、『菊と刀』の本文中では、「型」という語は数回使ったが、「文化の型」という句を一度も使わなかった。その言葉は、書名のサブタイトルで、「日本文化の型」という形で使われているだけである。しかしだからといって、決して

> 彼女が文化の型を軽んじたのではない。『菊と刀』の第1章「研究課題―日本」を読めば、「文化の型」という言葉は覚えなくても、その概念をきちんと把握することはできるし、それの重要な機能を理解することもできる。彼女は読者―「プロローグ」で言ったように、非専門家と想定されていた―に「文化の型」という言葉を覚えさせようとはしなかったが、その概念を持たせることは抜かりなく行なった。[1]

この文は今読んでも訂正する必要を感じません。もちろん、これが書かれてから現在までの14年にわたる研鑽は筆者がより深くベネディクトの学問を追究することを可能にしましたが、その頃に持った見通しを大きく修正しなければならないような事態は経験していません。筆者は自分が見定めた方向に概ね誤りが無かったことを信じて本書を執筆することができました。

こういうわけですから、できることならこの道をもっと進んでベネディクトを超えるところまで行きたいのですが、そのためにはいろいろなものが不十分であることを感じています。その中でも最も痛切なのは、今後利用できる時間です。それで、もし筆者に好意を持ってくださる若い有能な研究者が居られるならば、その人に筆者の道を進んでいただきたいと思います。そこにはきっと素晴らしい展望が開けるでしょう。このことについてはすでに第1章1節「ルネ・デカルト」の末尾で触れましたが、ここでもう一度強調したいと思います。中世から近世に移るときに人々は世界観、宇宙観の大転換を経験しましたが、今や私たちは人間観の大転換に差し掛かろうとしているのです。[2]

その行く末を筆者自身で見極めることはできそうにありませんが、その行路の景観の概略をこの本に掲げることはできたのではなかろうかと思います。これが若い研究者の胸に何かを響かせたとすれば、筆者としてはこんなにうれしいことはありません。どうかその響きを大切にしてください。

＊注：(1) 森貞彦『「菊と刀」再発見』東京図書出版会（2002）pp.25-26。
(2) この点については既に林道義が示唆した。林著『無意識の人間学 — ユング心理学の視点から』紀伊國屋書店（1981）pp.46-48 参照。

著者略歴

森 貞彦（もり さだひこ）

1932（昭和 7）年　神戸市生まれ
1955（昭和 30）年　浪速大学（現在の大阪府立大学）工学部機械工学科卒業
　　　　　　　　　㈱帝国機械製作所入社。
1960（昭和 35）年　大阪府立大学工学部航空工学科助手
1995（平成 7）年　定年退職
1997（平成 9）年　大阪府立大学人間文化学研究科比較文化学専攻修了
　　　　　　　　　博士（学術）の学位を取得

〈著書〉

1985 年『機械製図の考え方・進め方』（工業調査会）
1990 年『文化と技術の交差点』（パワー社）
1997 年『清家正の製図論と思考様式』（パワー社）
2002 年『「菊と刀」再発見』（東京図書出版会）
　　　2006 年 同上ハンガリー語訳刊行
　　　2007 年 同上中国語訳刊行
2003 年『みなしご「菊と刀」の嘆き』（東京図書出版会）
2004 年『日露戦争と「菊と刀」』（東京図書出版会）
2009 年『「菊と刀」注解（上・下）』（オンブック）
2010 年『「菊と刀」注解 増補改訂版（上・下）』（オンブック）
2013 年『文化の型研究のすすめ』（ブイツーソリューション）
2015 年『「菊と刀」の読み方』（東京図書出版）

「菊と刀」から見渡せば　―理性を超えた地平の風景―

2016年10月30日　第1刷発行

著　者　森　貞彦
発行人　大杉　剛
発行所　株式会社 風詠社
〒553-0001　大阪市福島区海老江5-2-7
ニュー野田阪神ビル4階
TEL 06（6136）8657　http://fueisha.com/
発売元　株式会社 星雲社
〒112-0005 東京都文京区水道1-3-30
TEL 03（3868）3275
装幀　2DAY
印刷・製本　シナノ印刷株式会社

ISBN978-4-434-22603-8 C0095

乱丁・落丁本は風詠社宛にお送りください。お取り替えいたします。